Preparación al

SIELE

Ana María Pérez Fernández
Paz Bartolomé Alonso

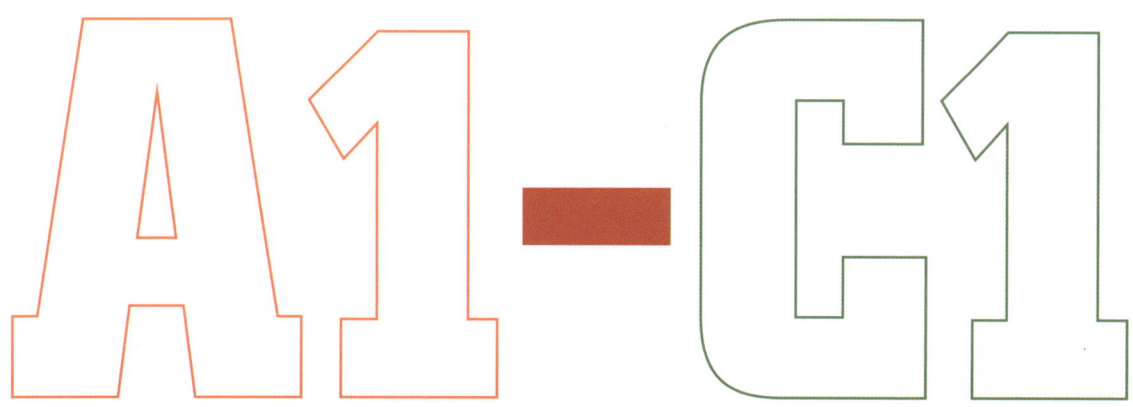

Primera edición: 2021

© Edelsa, S. A. Madrid, 2021
© Grupo Anaya, S. A. Madrid, 2021

© Autoras: Ana María Pérez Fernández (coord.ª), Paz Bartolomé Alonso (revisión), Francesca Ortali, Alice Baraldi y Veronica Cellini

Equipo editorial
Coordinación editorial: Mila Bodas Ortega
Edición: Alicia Iglesia Mirón
Diseño de cubierta e interiores: Carolina García González
Maquetación: Raquel Horcajo Morona
Corrección: Alicia Iglesia Mirón

Fotografías
123RF
p. 116 Estatua de Walt Disney [Parinya Suwanitch] © 123RF.com, Francisco de Goya [Juan García] © 123RF.com, Hipatia de Alejandría [Bartomeu Balaguer] © 123RF.com

Audio
Estudio de grabación: Anaya Educación
Las audiciones en las que aparecen personajes famosos son adaptaciones reales. Sin embargo, las voces son interpretadas por actores.

ISBN: 978-84-9081-725-4
Depósito legal: M-10429-2021

Impreso en España / *Printed in Spain*

- Las normas ortográficas seguidas en este libro son las establecidas por la Real Academia Española en su última edición de la *Ortografía*.
- Cualquier forma de reproducción de esta obra solo puede ser realizada con la autorización de la editorial, salvo excepción prevista por la ley. Diríjase a CEDRO (Centro Español de Derechos Reprográficos, www.cedro.org) si necesita fotocopiar o escanear algún fragmento de esta obra.

ÍNDICE

Estructura y contenido 4
Prólogo 6

Examen 1 7
- PRUEBA 1. Comprensión de lectura 8
- PRUEBA 2. Comprensión auditiva 18
- PRUEBA 3. Expresión e interacción escritas 24
- PRUEBA 4. Expresión e interacción orales 27

Examen 2 33
- PRUEBA 1. Comprensión de lectura 34
- PRUEBA 2. Comprensión auditiva 44
- PRUEBA 3. Expresión e interacción escritas 50
- PRUEBA 4. Expresión e interacción orales 53

Examen 3 59
- PRUEBA 1. Comprensión de lectura 60
- PRUEBA 2. Comprensión auditiva 70
- PRUEBA 3. Expresión e interacción escritas 76
- PRUEBA 4. Expresión e interacción orales 79

Examen 4 85
- PRUEBA 1. Comprensión de lectura 86
- PRUEBA 2. Comprensión auditiva 96
- PRUEBA 3. Expresión e interacción escritas 102
- PRUEBA 4. Expresión e interacción orales 105

Examen 5 111
- PRUEBA 1. Comprensión de lectura 112
- PRUEBA 2. Comprensión auditiva 122
- PRUEBA 3. Expresión e interacción escritas 128
- PRUEBA 4. Expresión e interacción orales 131

Sugerencias y consejos 137
Pistas 144

ESTRUCTURA Y CONTENIDO DEL EXAMEN

PRUEBA 1. Comprensión de lectura

- Número de tareas: 5
- Tiempo: 60 minutos

→ **Tarea 1:** consta de cinco textos breves y sencillos con preguntas de selección múltiple (una por cada texto). Esta tarea corresponde a un nivel A1 del *MCER*.

→ **Tarea 2:** consta de un texto extenso y preguntas de selección múltiple. Esta tarea corresponde a un nivel A2 del *MCER*.

→ **Tarea 3:** consta de tres textos y una serie de enunciados o preguntas que el candidato debe relacionar entre sí. Esta tarea corresponde a un nivel B1 del *MCER*.

→ **Tarea 4:** consta de dos textos con cuatro huecos y cinco opciones de respuesta cada uno. Esta tarea corresponde a un nivel B2 del *MCER*.

→ **Tarea 5:** consta de un texto de huecos con varias opciones de respuesta. Esta tarea corresponde al nivel C1 del *MCER*.

PRUEBA 2. Comprensión auditiva

- Número de tareas: 6
- Tiempo: 55 minutos aproximadamente

→ **Tarea 1:** consta de un diálogo breve y cinco oraciones para completar entre las opciones propuestas. Esta tarea corresponde a un nivel A1 del *MCER*.

→ **Tarea 2:** consta de cinco textos orales con preguntas de selección múltiple. Esta tarea corresponde a un nivel A2 del *MCER*.

→ **Tarea 3:** consta de conversaciones o monólogos breves de carácter informal sobre un mismo tema con varias opciones de respuesta. Esta tarea corresponde a un nivel B1 del *MCER*.

→ **Tarea 4:** consta de un diálogo extenso (entrevista radiofónica o televisiva) y ocho preguntas de selección múltiple con tres opciones de respuesta cada una. Esta tarea corresponde a un nivel B2 del *MCER*.

→ **Tarea 5:** consta de un monólogo extenso y seis preguntas de selección múltiple. Esta tarea corresponde a un nivel B2 y C1 del *MCER* (dos ítems de B2 y cuatro ítems de C1).

→ **Tarea 6:** consta de un monólogo extenso con opciones de respuesta de las que deben seleccionarse seis. Esta tarea corresponde a un nivel C1 del *MCER*.

PRUEBA 3. Expresión e interacción escritas

- Número de tareas: 2
- Tiempo: 50 minutos

→ **Tarea 1:** consta de un mensaje de correo, carta, foro o blog al que se debe dar respuesta, y unas pautas que indican los contenidos que se deben incluir en su texto. Esta tarea está pensada para usuarios de la lengua desde nivel A1 hasta B1.

→ **Tarea 2:** consta de dos textos para elegir uno. Como base para tomar su decisión, cuenta con información sobre el tipo de texto que deberá producir y el tema que tendrá que tratar en cada opción. Esta tarea está pensada para usuarios de la lengua desde niveles B2 hasta C1.

PRUEBA 4. Expresión e interacción orales

- Número de tareas: 5
- Tiempo: de 15 a 20 minutos

→ **Tarea 1:** se debe contestar y grabar las respuestas a cuatro preguntas de carácter personal que formula el sistema mediante cuatro archivos de audio. Las dos primeras preguntas corresponden a un nivel A1 del *MCER* y las dos últimas, a un nivel A2.

→ **Tarea 2:** se debe realizar una breve descripción de una fotografía siguiendo unas instrucciones en las que se recogen los aspectos que se han de mencionar. No tiene que escuchar ningún archivo de audio. Se puede elegir entre dos fotografías que reflejan situaciones que pertenecerán siempre al ámbito personal o al público. Esta tarea corresponde a un nivel A2 del *MCER*.

→ **Tarea 3:** se tiene que responder sobre situaciones simuladas, en las que no debe escuchar ningún audio. Se proporcionan por escrito dos situaciones imaginarias para que se elija una de las dos situaciones y de esta forma se solicite y dé información al respecto. La tarea corresponde a un nivel B1 del *MCER*.

→ **Tarea 4:** se tiene que responder a tres preguntas. El candidato elige un tema de entre dos opciones. A continuación, debe leer un texto relacionado con el tema elegido y, finalmente, escuchar y responder sucesivamente las tres preguntas. Esta tarea corresponde a un nivel B2 del *MCER*.

→ **Tarea 5:** el candidato elige una de las dos opciones que se le ofrecen, ambas relacionadas con el tema que eligió para la tarea 4. A continuación, dispone de dos minutos para preparar su exposición, en la que hablará a favor o en contra de la afirmación. Esta tarea corresponde a un nivel C1 del *MCER*.

PRÓLOGO

El **SIELE** es un **examen multinivel**, ya que va progresivamente desde A1 a C1 (siguiendo los niveles del *MCER*), lo que facilita la ubicación de los candidatos dependiendo de su competencia de lengua.

Existen dos modalidades del examen. Por un lado, la **modalidad global**, que es muy completa y consta de cuatro pruebas: Comprensión de lectura (CL), con 5 tareas; Comprensión auditiva (CA), de 6 tareas; Expresión e interacción escritas (EIE), que consta de 2 tareas, y Expresión e interacción orales (EIO), con 5 tareas. Las dos primeras son calificadas automáticamente y las dos siguientes por un calificador SIELE. Su duración es de tres horas y la puntuación máxima es de 1000 puntos (cada prueba son 250 puntos).

Por otra parte, las **modalidades independientes**, que están conformadas por distintas combinaciones de las pruebas vistas en la modalidad global: S1, CL + CA; S2, CL + EIE, S3, CA + EIO, S4, EIO y S5, EIE + EIO.

Este libro nace con el propósito de ser un instrumento útil para la realización exitosa del **SIELE**. Para ello, este volumen cuenta con cinco modelos similares al original que te ayudarán a practicar y estudiar a fondo cada una de las pruebas de las que consta, con la estructura y el tipo de preguntas que encontrarás en el examen real. Tienes la oportunidad de utilizar la **versión digital interactiva** del manual, que te acercará aún más a la prueba, dado que esta se realiza completamente en línea. Además, en esta versión encontrarás **dos exámenes extra**.

Vas a poder practicar cada una de las competencias de los distintos niveles, desglosados por tareas. La TAREA 1 se corresponde con el nivel A1, la TAREA 2 con A2, la TAREA 3 con B1, la TAREA 4 con B2 y las TAREAS 5 y 6 con C1.

Finalmente, has de saber que te respalda el rigor habitual de la editorial, además del profundo conocimiento del examen **SIELE** de los profesionales que han creado el manual. Esperamos, pues, que esta aventura sea gratificante, positiva y con unos resultados óptimos. La próxima vez que hablemos tendrás en tus manos la certificación que te acredita como usuario competente del español.

¡Disfruta y aprende!

Paz Bartolomé Alonso
Preparadora del SIELE

Examen

1

Examen 1

PRUEBA 1

Comprensión de lectura

Número de tareas: 5 ■ Tiempo: 60 minutos

Tarea 1 | Tarea 2 | Tarea 3 | Tarea 4 | Tarea 5

Lea estos cinco textos breves. Elija la opción adecuada en cada caso.

Texto 1. Mensaje de Marta

¡Hola, Miguel! Soy Marta, la mujer de Carlos, tu amigo del colegio. Como sabes, el jueves es el cumpleaños de mi marido. Sus hermanos y yo organizamos una fiesta sorpresa. Con este mensaje queremos invitarte a celebrarlo con nosotros. Pero atención: ¡es un secreto! Espero tu respuesta… ¡Muchas gracias!

1. Marta dice que Carlos…
   a. organiza una fiesta sorpresa.
   b. sabe que preparan una fiesta.
   c. conoce a Miguel desde la escuela.

Texto 2. Perro desaparecido

Buscamos un perro. Es un chihuahua de pelo blanco con manchas negras y grandes ojos marrones. Desaparecido el martes 24 de octubre. Estamos muy tristes. Es muy bueno y le gusta jugar, pero también es un poco miedoso y se asusta mucho. Muchas veces vamos al parque porque le gusta pasear cerca del pequeño lago. ¡Muchas gracias! Número de contacto: 687949944.

2. El perro desaparecido…
   a. pasea por el parque con sus dueños.
   b. tiene todo el pelo del mismo color.
   c. no tiene miedo y se enfada mucho.

Texto 3. ¡Gran fiesta en la disco!

¡Hola a todos, chicos!
La disco ¡Bailemos! vende entradas para la gran fiesta de Nochevieja. La fiesta empieza a las nueve de la noche y termina a las ocho del día siguiente. El edificio está en plaza de los Reyes, 123. La discoteca abre todo el mes de enero. La cena es gratis, porque ese día también festejamos los treinta años de actividad y queremos agradeceros todo vuestro cariño. ¡Nos vemos en Nochevieja!

3. Las personas interesadas en la fiesta...
   a. pagan treinta euros para comer.
   b. tienen disponibles las entradas.
   c. entran gratis.

Texto 4. Personal para La taberna andaluza

Necesitamos chico/a de 18 a 25 años para trabajo de camarero/a en el restaurante La taberna andaluza del Parador de Turismo en plaza de España, n.º 67, Sevilla. Necesitamos gente responsable y con experiencia, para ambiente familiar de nivel informal. También necesitamos una persona con una amplia disponibilidad. Horario de trabajo: 12:00 – 16:00 y 21:00 – 1:00, de martes a domingo. Contrato temporal de verano. Enviar CV por correo electrónico.

4. El restaurante del anuncio...
   a. busca a una persona joven.
   b. está abierto toda la semana.
   c. es formal.

Texto 5. Excursión en la montaña

Hola a todos los amigos y amantes de excursiones y naturaleza, como yo, de este blog. Os escribo desde el pico Aneto y estoy feliz: todo es precioso. Estoy en los Pirineos y el aire es muy frío, pero las montañas son magníficas. Me gusta hablaros de mis sensaciones, porque la montaña me encanta y es mágica.

5. A la persona que escribe...
   a. no le gusta nunca decir sus sentimientos.
   b. le molesta estar en la montaña.
   c. le gusta mucho la naturaleza.

COMPRENSIÓN DE LECTURA

Tarea 1 | Tarea 2 | Tarea 3 | Tarea 4 | Tarea 5

Lea este correo que Emilia ha escrito a su novio Alberto. Elija la opción correcta en cada caso.

Para: Alberto
CC:
Asunto: Vacaciones

Hola, Alberto, ¿cómo estás?

Por fin he vuelto de París. Estos últimos días he hecho tantas fotos de monumentos para la revista de viajes de mi padre que ahora estoy muy cansada y ya no puedo más. Entonces, como quiero relajarme un poco, pensaba invitarte a comer este sábado en un restaurante muy bonito que han abierto en mi barrio.

Se llama Aguardiente y está muy cerca de mi casa, casi al final de la calle. La última vez fui allí con Marcos y lo pasamos muy bien, aunque Lucas (el único de mis tres hermanos que todavía no conoces) no pudo venir porque es vegetariano y allí solo se come carne y pescado. De todas formas, nos divertimos mucho y, como los dueños son mexicanos y tienen también una banda de mariachis que trabaja allí, pudimos disfrutar de una música fenomenal.

He pensado en tu propuesta de ir de vacaciones a México y creo que es lo mejor. Claro, México puede ser un poco caro a veces, pero el mar es muy bonito y limpio y hace demasiado tiempo que no voy a la playa. Al final, si encontramos un hotel barato y compartimos los gastos, creo que podemos ir. ¡De verdad, necesito parar y descansar al sol! Ah, ¡y acuérdate de hacer el pasaporte! No quiero partir sola.

Bueno, creo que es todo, si hay algo más sobre las vacaciones, podemos discutirlo en el restaurante. ¿Qué te parece si nos encontramos en mi piso y luego vamos juntos?

Un beso,

Emilia

PRUEBA 1

1. **Con este correo, Emilia...**
   a. quiere invitar a Alberto a comer fuera.
   b. le propone a Alberto ir a París de vacaciones.
   c. quiere presentar sus tres hermanos a Alberto.

2. **En el restaurante Aguardiente...**
   a. puedes comer platos vegetarianos.
   b. siempre hay mucho silencio.
   c. toca una banda de mariachis.

3. **La idea de ir a México...**
   a. es de Emilia y Alberto no estaba de acuerdo.
   b. no le gusta a Emilia porque el mar está muy sucio.
   c. no convence al principio a Emilia.

4. **Emilia propone a Alberto...**
   a. encontrarse con ella en la puerta del restaurante.
   b. encontrarse en su casa y luego ir al restaurante.
   c. buscar un hotel de lujo para el viaje a México.

5. **En este correo, Emilia...**
   a. dice que necesita descansar del trabajo.
   b. no lamenta tener tanto trabajo.
   c. dice que quiere volver enseguida a trabajar.

COMPRENSIÓN DE LECTURA

Tarea 1 | Tarea 2 | Tarea 3 | Tarea 4 | Tarea 5

Lea estos tres textos en los que unas chicas hablan de los cuentos que escribieron el año pasado para un concurso en su escuela. Elija la opción correcta para cada pregunta.

ISABEL

Yo al principio no sabía bien sobre qué hablar y me quedé parada durante ocho de los sesenta minutos disponibles para la redacción. Luego, me animé y conseguí escribir las primeras palabras. Y después, a medida que escribía, la trama se hacía cada vez más clara en mi mente. El cuento que me inventé era la parodia de la famosa historia de *La sirenita*. En mi versión era un humano el que se enamoraba de la sirena ¡y se convertía en un pez para estar con ella! Bueno, al final gané el tercer premio y me sentí muy satisfecha y orgullosa porque había conseguido hacer un buen trabajo y superé las dificultades iniciales.

FABIANA

El concurso que hicimos el año pasado fue una experiencia maravillosa, tan divertida que me gustaría repetirla. No había planificado en detalle la trama de mi cuento, pero ya tenía una idea clara de lo que quería escribir: la historia de un profesor que vive en un piso durante cincuenta años y observa desde lo alto de su ventana los cambios del barrio y la vida de la gente, pero siempre como espectador. Al final, descubre que su presencia en la ventana es algo a lo que sus vecinos no quieren renunciar, porque sin él el barrio ya no será el mismo. Una buena historia y los jueces también lo pensaron: de hecho, ¡quedé primera!

CLARA

No me divertí nada en el concurso del año pasado. En realidad, yo ni siquiera quería participar, fueron mis padres los que me convencieron. No me había preparado nada y no sabía qué escribir. Al final, me inventé algo sobre dos niños que van a la playa y viven dos aventuras. En la primera, encuentran un cangrejo cerca del agua y observan sus movimientos hasta el atardecer. En la segunda, en cambio, van al restaurante con sus padres y se escapan para ir a bañarse a las nueve de la noche. Ninguna de las dos aventuras me gustó y los jueces también entendieron que yo misma despreciaba mi obra: quedé la última. ¡Qué pérdida de tiempo!

1. ¿Quién escribió un cuento sobre un hombre mayor?
    a. Isabel.
    b. Fabiana.
    c. Clara.

2. ¿Quién no estuvo nada contenta con el concurso?
    a. Isabel.
    b. Fabiana.
    c. Clara.

3. ¿Quién dividió su cuento en dos partes distintas?
    a. Isabel.
    b. Fabiana.
    c. Clara.

4. ¿Quién escribió la imitación de un famoso cuento?
    a. Isabel.
    b. Fabiana.
    c. Clara.

5. ¿Quién ganó el concurso?
    a. Isabel.
    b. Fabiana.
    c. Clara.

6. ¿Quién dice que no consiguió escribir durante unos minutos?
    a. Isabel.
    b. Fabiana.
    c. Clara.

7. ¿Quién escribió el cuento que los jueces juzgaron como el peor?
    a. Isabel.
    b. Fabiana.
    c. Clara.

8. ¿Quién dice que le gustaría hacer otro concurso?
    a. Isabel.
    b. Fabiana.
    c. Clara.

COMPRENSIÓN DE LECTURA

Tarea 1 | Tarea 2 | Tarea 3 | Tarea 4 | Tarea 5

Lea estos dos textos. En cada uno faltan cuatro fragmentos. Elija el correcto en cada caso. Sobra uno.

Texto 1

LOS TESOROS DEL MAR

En el fondo del mar, perdidos desde hace muchos siglos, se encuentran navíos que se hundieron en los tiempos en que los griegos y los romanos todavía surcaban el Mediterráneo. __1__.

Sin embargo, en el fondo del océano no solo se han descubierto navíos antiguos o estatuas como los Bronces de Riace en los años setenta. __2__. Además, todos los mares del mundo están llenos de restos de este género, tanto que algunos arqueólogos afirman que, si se mejorara la tecnología actual y se pudieran explorar las aguas más profundas, nos podríamos enterar de una gran cantidad de datos sobre cómo vivían nuestros antepasados.

__3__. Los arrecifes de Australia son solo uno de los muchos ejemplos de belleza natural que los aficionados de *sub* (esa magnífica palabra latina llegada a través del inglés y que no significa otra cosa sino 'debajo') pueden admirar en sus excursiones por el mundo marino. __4__. Son partes integrantes de nuestro planeta y hay que preservarlos.

Entonces, recordemos una vez más la importancia de estos tesoros, porque, si nacimos demasiado tarde para explorar la Tierra y demasiado pronto para explorar el espacio, nacimos a tiempo para explorar el mar.

(Adaptado de varias fuentes)

a. Además de estas «Atlantis», cabe añadir que los océanos son ricos también de flora y de fauna, es decir, de naturaleza y de vida.

b. En estos barcos, buscados y estudiados por arqueólogos y exploradores, se pueden hallar estatuas, monedas y escombros procedentes de un lejano pasado.

c. De hecho, se han encontrado verdaderas ciudades y complejos arquitectónicos, como Alejandría de Egipto y la japonesa Yonaguni.

d. Con este fin, un grupo de arqueólogos pidió al Gobierno que invirtiera más en las excavaciones marítimas, porque un día los barcos ya no se podrán recuperar.

e. Peces, corales y conchas son mucho más que elementos exóticos que se pueden observar durante las vacaciones.

Texto 2 — LA EDUCACIÓN EN EL MUNDO

Ir a la escuela es algo habitual para los niños en Occidente, pero en el resto del mundo no siempre es así. Según la Unesco, en el mundo hay más de 260 millones de niños y adolescentes que no asisten a la escuela, __1__. Entre estos últimos, dos de tres eran mujeres.

La mayoría de los analfabetos se encuentra en Asia Central, Asia del Sur y en el África Sub-sahariana, __2__. Sin embargo, hasta en Europa y América del Norte se han identificado casos de analfabetismo, sobre todo en las zonas más aisladas y entre la población anciana.

De todas formas, la cuestión del analfabetismo está relacionada sobre todo con la pobreza y con el papel de la mujer en algunas sociedades arcaicas. Por lo que concierne a la pobreza, puede ser que, aunque un país tenga escuelas muy buenas en los grandes centros, __3__. Por otra parte, también los deberes que algunas sociedades asignan a las mujeres juegan un papel relevante en su falta de educación, como pasó por ejemplo en Afganistán y Pakistán.

Para concluir, cabe subrayar cómo el analfabetismo __4__, aunque se han registrado mejoras con respecto al siglo pasado.

(Adaptado de https://adozioneadistanza.actionaid.it)

a. aunque también un porcentaje bastante alto se registra en el Caribe, en las islas del océano Pacífico y en amplias áreas de América Latina.

b. las aldeas o las áreas de montaña estén totalmente desprovistas de estructuras educativas.

c. llega a haber más de 250 millones de analfabetos en Asia, porque los ordenadores japoneses hacen todo el trabajo y no necesitan aprender.

d. mientras que cerca de 750 millones de jóvenes y adultos no están alfabetizados.

e. sigue siendo un problema actual y difundido a lo largo del planeta con el que el hombre todavía tiene que enfrentarse al principio del nuevo milenio

Tarea 5

Lea este texto en el que faltan doce palabras. Elija la opción correcta para cada caso.

EL SATÉLITE DE VIGO

El director de la Agrupación Aeroespacial, Fernando Aguado, recuerda: «Todo comenzó hace unos años, con una llamada de una exalumna para invitarnos a participar en lo que __1__ la primera experiencia espacial de la Universidad de Vigo». Esto marcó el inicio de lo que se ha denominado «aventura espacial de la Universidad de Vigo» y que __2__ fuerza unos años después con el lanzamiento del picosatélite *Xatcobeo*. Después, le siguieron el *Humsat-D* y el *Serpens* y ahora se culmina «con éxito» el lanzamiento del *Lume-1*, el cuarto en esta carrera, un vigía automático __3__ de «tecnología puntera» para luchar contra los incendios forestales.

Los investigadores de la Agrupación Aeroespacial se reunieron en la Escuela de Enseñanza de Telecomunicación para seguir en vivo el lanzamiento, que se realizó desde la base espacial rusa de Vostochny, y que resultó ser un éxito. __4__, Aguado horas después aseguró que todo __5__ según lo previsto.

El *Lume-1* ya ha pasado por Vigo por primera vez. __6__, desde la estación de control de la Escuela de Enseñanza de Telecomunicación, se vio poco después de las 11:00. El satélite tenía la «batería cargada», llevaba sus «antenas __7__» y todos los comandos estaban «en funcionamiento».

Tanto Aguado como la vicedirectora de Investigación de la Universidad de Vigo, Belén Rubio, junto a Diego Nodar, cofundador de la compañía Alén Space, han hecho __8__ en la necesidad de sacar «el máximo provecho posible» de toda esta tecnología «desarrollada en Galicia» y que posee «la calidad suficiente para poder ser exportada a cualquier parte del mundo». __9__, ya se podía intuir que este experimento __10__ parte del proyecto FireRS de lucha contra los incendios en los bosques, financiado por la Unión Europea con más de dos millones de euros y en el que junto con *Lume-1* se encuentran trabajos de la Universidad de Oporto y del CNRS francés.

El *Lume-1* es un satélite de aproximadamente dos kilos. Cada hora y media __11__ una vuelta completa a la Tierra. __12__, pasará entre cuatro y seis veces al día por Vigo. Su misión será dar soporte de comunicación bidireccional a sensores de tierra que detectan el fuego, desarrollados por el grupo Cima de la universidad viguesa, y aportar una conexión con los aviones no tripulados, diseñados por ingenieros de la Universidad de Oporto.

(Adaptado de www.elpais.com)

1. a. sería   b. habría sido   c. habrá sido
2. a. insertó   b. cobró   c. impulsó
3. a. encontrado   b. pertrechado   c. apañado
4. a. Sin embargo   b. De ahí que   c. De hecho
5. a. había ido   b. fuera   c. hubiera ido
6. a. Por lo contrario   b. Con este fin   c. Específicamente
7. a. estiradas   b. desplegadas   c. revueltas
8. a. ingreso   b. vistazo   c. hincapié
9. a. Mientras tanto   b. Por consiguiente   c. De ahí que
10. a. iba a formar   b. habría estado formando   c. anduvo formando
11. a. irá dando   b. ha ido dando   c. fue dando
12. a. Asimismo   b. Así que   c. Por lo tanto

Examen 1

PRUEBA 2

Comprensión auditiva

Número de tareas: 6 ■ Tiempo: 55 minutos

| **Tarea 1** | Tarea 2 | Tarea 3 | Tarea 4 | Tarea 5 | Tarea 6 |

Usted va a escuchar a un hombre, Vicente, que habla sobre su familia. Lea las cinco oraciones y elija la opción correcta para cada hueco.

> Va a escuchar la conversación dos veces.
> Tiene 30 segundos para leer las oraciones.

a. mala | b. suegro | c. seis | d. buena | e. barata | f. casada | g. cien | h. tres | i. padre | j. gratis
k. primo | l. cara | m. viuda | n. mediana | ñ. soltera

1. La salud de Jaime es muy _____.
2. Soledad está _____ desde hace mucho tiempo.
3. Los nietos de Jaime son _____.
4. El restaurante es del _____ de la mujer de Vicente.
5. Para la familia de Vicente, el día de la fiesta la comida va a ser _____.

| Tarea 1 | **Tarea 2** | Tarea 3 | Tarea 4 | Tarea 5 | Tarea 6 |

Usted va a escuchar cinco anuncios. Elija la opción correcta.

> Va a escuchar los anuncios dos veces.
> Tiene 30 segundos para leer las preguntas.

Anuncio 1. Muchas lenguas desaparecen...
    a. porque sus hablantes mueren.
    b. porque no son antiguas.
    c. por influencias orientales.

Anuncio 2. En este anuncio se publicitan...
    a. botas.
    b. paraguas.
    c. impermeables.

Anuncio 3. Los cursos de música...
    a. son gratis.
    b. duran dos horas y media.
    c. están organizados por edad.

Anuncio 4. El cantante Ramón Colmenares...
    a. ha cantado en el aeropuerto.
    b. nunca ha ganado premios.
    c. tiene fundamentalmente seguidoras.

Anuncio 5. Según el anuncio, los vegetarianos...
    a. no están en las encuestas.
    b. continúan creciendo.
    c. tienen la misma opinión sobre la carne.

COMPRENSIÓN AUDITIVA

Tarea 1 | Tarea 2 | Tarea 3 | Tarea 4 | Tarea 5 | Tarea 6

Usted va a escuchar a ocho personas hablando de sus viajes al extranjero. Elija la oración que corresponde a cada persona.

> **Va a escuchar a cada persona dos veces.**
> **Tiene 30 segundos para leer las oraciones.**

a. Habla de un tipo de arquitectura marítima típica del país.
b. Estuvo allí siete días.
c. Fue a un lugar muy distinto a los que suele visitar.
d. No consiguió llegar al aeropuerto.
e. Se fue de viaje cuando era muy pequeño.
f. Cuando viajó, acababa de casarse.
g. Habla de su viaje a Grecia.
h. No consiguió visitar el lugar donde había decidido ir.
i. Le gusta mucho esquiar.
j. Dio muchas vueltas por las montañas.
k. Se fue de viaje para ver otra versión de algo que está en su país.

Persona 1: ____   Persona 2: ____   Persona 3: ____   Persona 4: ____

Persona 5: ____   Persona 6: ____   Persona 7: ____   Persona 8: ____

PRUEBA 2

Tarea 1 | Tarea 2 | Tarea 3 | Tarea 4 | Tarea 5 | Tarea 6

Usted va a escuchar una entrevista que el presentador radiofónico García hizo a la karateka española Sandra Sánchez. Elija la opción correcta.

> Va a escuchar la entrevista dos veces.
> Tiene 45 segundos para leer las preguntas.

1. García y Sandra vienen...
   a. de dos pueblos cercanos entre sí.
   b. del mismo pueblo.
   c. de dos pueblos lejanos entre sí.

2. ¿Qué quiere hacer Sandra al año que viene?
   a. Encontrar nuevos desafíos.
   b. Descansar.
   c. Disfrutar de lo que obtuvo.

3. ¿Qué hizo Sandra en la carroza de los Reyes Magos?
   a. Enseñó sus movimientos de kárate.
   b. Dibujó su retrato.
   c. Lanzó dulces a los niños.

4. Por lo que atañe a las Olimpiadas, Sandra...
   a. todavía tiene que calificarse.
   b. no quiere participar.
   c. ya se ha calificado.

5. En el programa de García...
   a. se suele hablar de fútbol.
   b. Sandra participa a menudo.
   c. no se suele hablar de deporte.

6. ¿Qué dice Sandra que no debe hacer?
   a. Entrenarse demasiado.
   b. Perder de vista su objetivo.
   c. Estar en el centro de la atención.

7. ¿Qué hace Sandra cuando tiene un evento importante?
   a. Se salta los entrenamientos.
   b. No va porque tiene que entrenar.
   c. Cambia el horario de sus entrenamientos.

8. El éxito de Sandra...
   a. impulsa a los niños a hacer kárate.
   b. da esperanza a los niños de la calle.
   c. consiste en entrenar mucho los fines de semana.

COMPRENSIÓN AUDITIVA

Tarea 1 | Tarea 2 | Tarea 3 | Tarea 4 | Tarea 5 | Tarea 6

Usted va a escuchar seis fragmentos de una conferencia de la neurocientífica argentina Adriana Marcovich sobre la relación entre el cerebro humano y el aprendizaje. Elija para cada fragmento la opción correcta.

> Va a escuchar los fragmentos de la conferencia dos veces.
> Tiene 45 segundos para leer las opciones.

Fragmento 1:
  a. Los cambios que el aprendizaje conlleva son determinados por la suerte.
  b. Los cambios que el aprendizaje conlleva ocurren de forma más o menos previsible.
  c. Los cambios que el aprendizaje conlleva son definitivos.

Fragmento 2:
  a. Los dos tipos de aprendizaje se pueden usar para cualquier cosa.
  b. Los dos tipos de aprendizaje tienen el mismo grado de complejidad.
  c. Los dos tipos de aprendizaje requieren una participación distinta de nuestros sentimientos.

Fragmento 3:
  a. Nuestra atención cuando está dirigida hacia un peligro mantiene la habitual intensidad.
  b. Nuestra atención cuando está dirigida hacia un peligro se convierte en una causa de estrés.
  c. Nuestra atención cuando está dirigida hacia un peligro se centra en él.

Fragmento 4:
  a. La memoria de contexto funciona solo con las cosas que están fuera de mi esfera personal.
  b. La memoria de contexto en cualquier situación nos puede recordar lo aprendido.
  c. La memoria de contexto se basa en detalles excepcionales.

Fragmento 5:
  a. Las neuronas espejo modifican las percepciones del hombre.
  b. Las neuronas espejo aumentan las capacidades del hombre.
  c. Las neuronas espejo empujan al hombre a la imitación.

Fragmento 6:
  a. Sin la *memoria de futuro* el hombre elegiría necesariamente caminos distintos.
  b. Sin la *memoria de futuro* el hombre no resolvería sus contradicciones.
  c. Sin la *memoria de futuro* el hombre se olvidaría de sus proyectos.

Tarea 1 | Tarea 2 | Tarea 3 | Tarea 4 | Tarea 5 | Tarea 6

Usted va a escuchar un fragmento de una ponencia del escritor Francisco Martín Moreno, sobre «El México de ayer, el de hoy y el del futuro». Elija las seis opciones que corresponden a la ponencia.

> Va a escuchar la ponencia dos veces.
> Tiene 50 segundos para leer las opciones.

a. Parte del trabajo de Martín Moreno es entender las causas remotas de lo que ocurre en la actualidad.

b. Las clases de Historia en México a veces no siempre tienen contenidos atractivos.

c. Para Martín Moreno, desde 1970 México tuvo dos malos gobiernos durante más de tres décadas.

d. Los mexicanos conocen más lo que pasó hace dos siglos que lo que ocurrió hace treinta años.

e. En 1944 Santa Anna dijo que la falta histórica de democracia de México impediría el progreso.

f. En el imperio azteca la palabra del *jefe* era más importante que la de los nobles.

g. Los contactos con los franceses y los americanos favorecieron la democracia.

h. En la mitad del siglo XIX México perdió casi el cincuenta por ciento de su territorio.

i. La dictadura de Porfirio acaba cinco años antes del fin de la revolución.

j. Para Vargas Llosa el priismo no se acerca al concepto de *dictadura*.

k. Tampoco hoy en día México tiene un sistema formal de democracia.

l. Según Martín Moreno, el Gobierno tiene mucha dificultad para hablar por falta de ejemplos previos.

Examen 1

PRUEBA 3

Expresión e interacción escritas

Número de tareas: 2 ■ Tiempo: 50 minutos

Tarea 1 | Tarea 2

Conteste a un anuncio que una mujer ha publicado en el periódico.

> **En su respuesta debe:**
> - saludar;
> - contar alguna experiencia con un animal;
> - decir por qué le gustan los gatos;
> - describir su casa;
> - despedirse.

> **Número de palabras recomendado: entre 100 y 150.**

ANUNCIOS

Regalo dos gatos de tres meses de raza persa, solo a gente con casa grande. Vacunados, desparasitados y con garantía genética. Tienen el pelo negro y suave. Importante: regalo solo a quien ha tenido experiencias con otros animales. Escribe a maria@sieleeie.es o llama al número 645 89 61 17. María.

| Tarea 1 | Tarea 2 |

Elija el tipo de texto y el tema sobre el que va a escribir. Si no elige dentro de un minuto, el sistema va a elegir una opción de forma aleatoria.

> **Elija una de las dos opciones que se le ofrecen a continuación.**
  Opción 1: Escribir un texto de opinión: *Los plásticos en el mar*
  Opción 2: Escribir una carta a un periódico: *El ruido nocturno*
> **Número de palabras recomendado: entre 250 y 300.**

OPCIÓN 1: Escribir un texto de opinión

Lea la siguiente noticia y escriba un texto de opinión para un periódico local sobre el problema de los plásticos en el mar. Tiene que:
- exponer el tema;
- dar su opinión;
- presentar argumentos a favor o en contra;
- concluir.

LOS PLÁSTICOS EN EL MAR

Hoy en día la belleza y la visibilidad de nuestros océanos está comprometida por la basura que los humanos tiran al agua y que se está convirtiendo en un problema que afecta a la salud y a la vida de los peces. ¿Qué podemos hacer para limpiar el mar y salvar estos ecosistemas? ¿Cómo podemos hacer para que nuestra especie deje de dañar la naturaleza y aprenda la lección?

EXPRESIÓN E INTERACCIÓN ESCRITAS

Tarea 1 | **Tarea 2**

OPCIÓN 2: Escribir una carta a un periódico

A usted le molesta mucho el ruido excesivo procedente de los locales de ocio que no le deja dormir por la noche. Lea esta noticia y escriba una carta al periódico *Última hora SIELE* en la que exprese:
- las razones por las que este ruido nocturno le molesta;
- qué otros efectos ocasiona este problema en la vida del barrio;
- las posibles soluciones para el asunto;
- la actitud que espera de las autoridades y de los propietarios de los locales de ocio.

EL RUIDO NOCTURNO

Desde la segunda mitad del siglo pasado, la llamada *movida* ha ido convirtiéndose en parte integrante de la cultura española, y ha llegado a ser célebre también en el extranjero. Sin embargo, con la movida también llegaron peleas y contrastes, pues las fiestas llenas de bailes y gritos de los jóvenes pueden transformarse durante la noche en falta de sueño para los ancianos, y demás.

Examen 1

PRUEBA 4

Expresión e interacción orales

Número de tareas: 5 ■ Tiempo: de 15 a 20 minutos

| Tarea 1 | Tarea 2 | Tarea 3 | Tarea 4 | Tarea 5 |

Conteste a cuatro preguntas de carácter personal. Pulse en *Escucha* para escuchar cada pregunta y, después, pulse en *Grabar* para responder.

> Tiene 15 segundos para grabar cada respuesta de las preguntas 1 y 2.
> Tiene 30 segundos para grabar cada respuesta de las preguntas 3 y 4.

| Tarea 1 | Tarea 2 | Tarea 3 | Tarea 4 | Tarea 5 |

Elija en 30 segundos una de las siguientes fotografías para describir lo que ve en ella.

OPCIÓN 1

OPCIÓN 2

> Tiene dos minutos para preparar la tarea.
> Después, grabe su respuesta. Tiene de uno a dos minutos para realizarla.

EXPRESIÓN E INTERACCIÓN ORALES

OPCIÓN 1

OPCIÓN 2

> **Describa la fotografía y conteste a las preguntas:**
 - ¿Cuántas personas hay?
 - ¿Qué relación cree que existe entre ellas?
 - Describa a esas personas: ¿cómo son?, ¿qué ropa llevan?
 - ¿Dónde están?
 - ¿Qué objetos hay en las imágenes, cómo son y dónde están?

PRUEBA 4

Tarea 1 | Tarea 2 | **Tarea 3** | Tarea 4 | Tarea 5

BLOQUE 1

Elija en 30 segundos una de las siguientes situaciones y grabe su respuesta.
Situación 1: Rechazar una invitación
Situación 2: Decir que ha llegado a su destino

SITUACIÓN 1: Rechazar una invitación

Su amiga Raquel le ha invitado a su boda, pero usted no puede ir. Usted debe:
- agradecerle la invitación y disculparse;
- decir por qué no puede ir;
- felicitarla por su boda y volverse a disculpar.

> Tiene 20 segundos para pulsar *Grabar*. Si no lo hace, la grabadora se iniciará automáticamente.
> Tiene un minuto y medio para realizar la tarea.

SITUACIÓN 2: Decir que ha llegado a su destino

Usted va a pasar las vacaciones en España y acaba de llegar en avión al aeropuerto de Madrid. Llame por teléfono a su amigo Samuel para comunicárselo. Usted debe:
- explicar el viaje y decir a qué hora ha llegado;
- contar cómo fue el viaje en avión;
- decir cuándo vuelve a casa y despedirse.

> Tiene 20 segundos para pulsar *Grabar*. Si no lo hace, la grabadora se iniciará automáticamente.
> Tiene un minuto y medio para realizar la tarea.

EXPRESIÓN E INTERACCIÓN ORALES

BLOQUE 2

Elija en 30 segundos una de las siguientes situaciones y grabe su respuesta.

Situación 1: Comprar unos billetes de tren
Situación 2: Reservar una mesa en un restaurante

SITUACIÓN 1: Comprar unos billetes de tren

Usted va a ir de viaje a Barcelona y quiere comprar unos billetes de ida y vuelta para usted y su familia. Usted debe:
- explicar cuántos billetes quiere, para qué día y para dónde;
- decir que también va a llevar su perro y explicar sus necesidades;
- pagar los billetes y despedirse.

> Tiene 20 segundos para pulsar *Grabar*. Si no lo hace, la grabadora se iniciará automáticamente.
> Tiene un minuto y medio para realizar la tarea.

SITUACIÓN 2: Reservar una mesa en un restaurante

Usted va a reservar una mesa en un restaurante para usted y sus amigos. Usted debe:
- decir para qué día y para cuántas personas quiere reservar;
- explicar en qué zona del restaurante prefiere sentarse;
- preguntar por el lugar más cercano donde aparcar.

> Tiene 20 segundos para pulsar *Grabar*. Si no lo hace, la grabadora se iniciará automáticamente.
> Tiene un minuto y medio para realizar la tarea.

Tarea 1 | Tarea 2 | Tarea 3 | **Tarea 4** | Tarea 5

Elija en 30 segundos uno de los siguientes temas para hablar sobre él en las tareas 4 y 5.
  Opción 1: Las películas violentas
  Opción 2: La eutanasia

A continuación, lea el texto. Después, pulse *Escucha* para escuchar cada pregunta y grabe su respuesta.

> Tiene usted un minuto para responder cada pregunta.

OPCIÓN 1

LAS PELÍCULAS VIOLENTAS

Según muchos psiquiatras, la visión de películas violentas es una de las causas determinantes del incremento del uso de la fuerza entre los jóvenes. De hecho, en este tipo de espectáculo casi siempre aparecen hombres y mujeres que llegan a obtener lo que quieren derramando sangre más que palabras de comprensión y respeto. De esta manera, según los expertos, las mentes fácilmente influenciables de los chicos los lleva a creer que atacar, herir y hasta matar a los demás es algo divertido y la manera más eficaz de tener éxito en esa cosa que se llama vida, la que quitan a los otros.

OPCIÓN 2

LA EUTANASIA

La eutanasia es la intervención voluntaria que acelera la muerte de un paciente terminal con la intención de evitar sufrimiento y dolor del individuo. En un sentido más contemporáneo y restringido, la eutanasia es aquel procedimiento voluntario, intencionado, estudiado y consciente que realiza un médico para acelerar la muerte de un paciente terminal de algún padecimiento incurable. El derecho a una muerte digna en ciertas circunstancias irreversibles, como es el caso de algunas enfermedades degenerativas o que causan sufrimiento, es un derecho por el que luchan muchas personas y que todavía genera mucha controversia. Existen diferentes leyes sobre la eutanasia en cada país, otro motivo por el que la eutanasia es un tema muy debatido.

EXPRESIÓN E INTERACCIÓN ORALES

Tarea 1 | Tarea 2 | Tarea 3 | Tarea 4 | Tarea 5

Si en la tarea 4 usted ha elegido el tema de *Las películas violentas*, seleccione una de las dos opciones. Después, tiene dos minutos para preparar una argumentación a favor o en contra de la opción elegida.

OPCIÓN 1

La culpa de la violencia juvenil no está en las películas o en los videojuegos, sino en el comportamiento de los padres.

OPCIÓN 2

Deberían estar prohibidos todos los vídeos violentos a los menores de 18 años.

Si en la tarea 4 usted ha elegido el tema de *La eutanasia*, seleccione una de las dos opciones. Después, tiene dos minutos para preparar una argumentación a favor o en contra de la opción elegida.

OPCIÓN 1

La eutanasia es una libre elección que permite reducir el dolor y el sufrimiento en casos de enfermedades incurables, así que es lícito optar por la muerte.

OPCIÓN 2

La eutanasia es un suicidio y, por lo tanto, no se puede aceptar en una sociedad en la que hay que salvar a las personas en vez de matarlas.

> **No olvide:**
> • dar su opinión;
> • justificar su opinión y exponer sus razones;
> • decir algún ejemplo;
> • concluir con argumentos.

> Tiene 30 segundos para elegir la opción. Grabe su respuesta. Tiene de tres a cuatro minutos para realizar la tarea.

Examen

2

Examen 2

PRUEBA 1

Comprensión de lectura

Número de tareas: 5 ■ Tiempo: 60 minutos

Tarea 1 | Tarea 2 | Tarea 3 | Tarea 4 | Tarea 5

Lea estos cinco textos breves. Elija la opción adecuada en cada caso.

Texto 1. Bici

OPORTUNIDAD

Vendemos bicicleta en muy buenas condiciones. No es nueva, pero funciona muy bien. La bici es roja y negra. Tiene dos años de garantía. Precio: 900 €, en nuestra tienda de la calle Veracruz, n.º 33, en Madrid. Abierto de 10:00 a 14:00 y de 16:00 a 20:00 de lunes a viernes y de 10:00 a 14:00 los sábados.

¡Te esperamos!

1. La bicicleta del anuncio...
   a. es nueva.
   b. funciona correctamente.
   c. está bastante mal.

Texto 2. Una gran actriz

Zaira es una actriz de la película *Carmen y Lola*. Es candidata al premio Goya. Tiene 18 años. Es una chica muy inteligente y alegre. Siempre se está riendo. Además, es muy trabajadora. Lleva gafas rojas y tiene el pelo moreno.

2. Zaira Romero...
   a. es una actriz adolescente y simpática.
   b. es pesimista y siempre está triste.
   c. tiene un premio Goya.

Texto 3. Mi casa

Yo vivo en el centro de la ciudad. Mi casa es muy grande. Tiene tres habitaciones, dos cuartos de baño, un salón, una cocina y un jardín. En el jardín juego con mi perro Chulín. Es una casa muy cómoda y luminosa.

3. La casa...
    a. es pequeña y luminosa.
    b. está en el centro de la ciudad.
    c. tiene piscina en el jardín.

Texto 4. Curso de baile

¿Quieres hacer amigos mientras bailas y te diviertes? Este curso de baile es ideal para ti.

SÁBADOS Y DOMINGOS: FIESTAS ESPECIALES PARA TODOS LOS NIVELES (NO OBLIGATORIO).

Horarios:
Cursos para principiantes: lunes y jueves de 17:30 a 19:00.
Curso intermedio: martes y viernes de 17:30 a 19:00.
Curso avanzado: lunes y jueves de 19:00 a 20:30.

4. La escuela de baile...
    a. organiza eventos especiales los lunes.
    b. ofrece cursos para todos los niveles.
    c. ofrece cursos todos los días.

Texto 5. Concurso de fotografía de arquitectura

Concurso

Para fotógrafos profesionales, *amateurs* y estudiantes de fotografía de todo el mundo.
La arquitectura es un arte y su fotografía es un gran reto. Concurso de fotografía de arquitectura que incluye la fotografía exterior de los edificios y los detalles de interiores.

PREMIOS:
1.º Mochila
2.º Funda portátil
3.º Cartera

Abierto del 4 de julio al 8 de septiembre.

5. El concurso de fotografía de arquitectura...
    a. se dirige a fotógrafos profesionales y no profesionales.
    b. incluye solo la fotografía exterior.
    c. empieza en mayo y termina en septiembre.

COMPRENSIÓN DE LECTURA

Tarea 1 | **Tarea 2** | Tarea 3 | Tarea 4 | Tarea 5

Lea este correo que Ricardo ha escrito a su exnovia Carmen. Elija la opción correcta en cada caso.

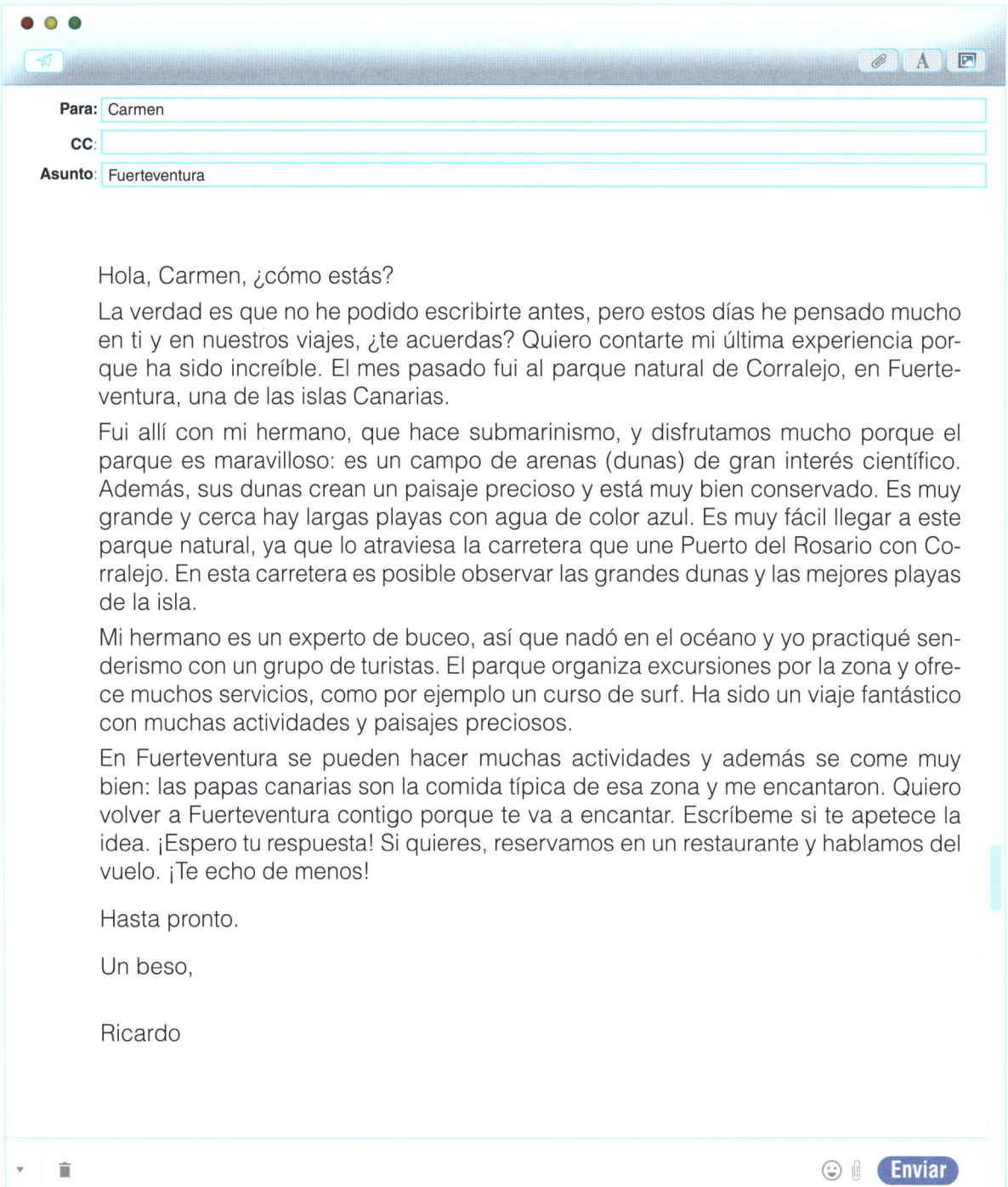

Para: Carmen
CC:
Asunto: Fuerteventura

Hola, Carmen, ¿cómo estás?

La verdad es que no he podido escribirte antes, pero estos días he pensado mucho en ti y en nuestros viajes, ¿te acuerdas? Quiero contarte mi última experiencia porque ha sido increíble. El mes pasado fui al parque natural de Corralejo, en Fuerteventura, una de las islas Canarias.

Fui allí con mi hermano, que hace submarinismo, y disfrutamos mucho porque el parque es maravilloso: es un campo de arenas (dunas) de gran interés científico. Además, sus dunas crean un paisaje precioso y está muy bien conservado. Es muy grande y cerca hay largas playas con agua de color azul. Es muy fácil llegar a este parque natural, ya que lo atraviesa la carretera que une Puerto del Rosario con Corralejo. En esta carretera es posible observar las grandes dunas y las mejores playas de la isla.

Mi hermano es un experto de buceo, así que nadó en el océano y yo practiqué senderismo con un grupo de turistas. El parque organiza excursiones por la zona y ofrece muchos servicios, como por ejemplo un curso de surf. Ha sido un viaje fantástico con muchas actividades y paisajes preciosos.

En Fuerteventura se pueden hacer muchas actividades y además se come muy bien: las papas canarias son la comida típica de esa zona y me encantaron. Quiero volver a Fuerteventura contigo porque te va a encantar. Escríbeme si te apetece la idea. ¡Espero tu respuesta! Si quieres, reservamos en un restaurante y hablamos del vuelo. ¡Te echo de menos!

Hasta pronto.

Un beso,

Ricardo

1. Con este correo, Ricardo...
    a. cuenta a Carmen su último viaje a Fuerteventura.
    b. quiere aconsejar a Carmen una meta para sus próximos viajes.
    c. intenta convencer a Carmen para hacer más deporte y viajes.

2. El parque natural...
    a. tiene interés científico.
    b. está lejos de las playas.
    c. no está bien conservado.

3. Ricardo fue a Fuerteventura...
    a. con su hermano.
    b. con un grupo de turistas.
    c. solo, sin nadie.

4. En Fuerteventura, Ricardo...
    a. pasó el tiempo tumbado en la playa.
    b. hizo varias actividades.
    c. no comió comida típica.

5. Al final de la carta, Ricardo...
    a. quiere comer papas en un restaurante.
    b. dice que espera volver a hacer el viaje con Carmen.
    c. propone a Carmen reservar un vuelo.

COMPRENSIÓN DE LECTURA

Tarea 1 | Tarea 2 | Tarea 3 | Tarea 4 | Tarea 5

Lea estos tres textos en los que unos chicos van a contar sus primeras experiencias de trabajo. Elija la opción correcta para cada pregunta.

MARCOS

Cuando recibí la primera llamada de contratación, sentí por primera vez una sensación muy extraña: alegría y miedo. Hoy sigo en el mismo puesto, y realizo tareas muy diferentes, con nuevas y serias responsabilidades cada día. Aquí una de las máximas que mis colegas me repiten todos los días es la siguiente: «Haz siempre todo tu trabajo perfecto, ya que en su momento puede parecer que no importa, pero en el futuro es muy importante». Me gusta mi trabajo porque he estudiado muchos años para llegar a ser técnico informático y ahora estoy muy contento. Es un trabajo muy interesante.

MARÍA

Empecé a trabajar en la tienda hace doce años. El principio no fue fácil, pero tuve el apoyo de mi familia, de mis compañeros y de mi profesora. Estoy en la sección textil y mi función es poner las alarmas en la ropa y colocar las perchas para colgarlas. También clasifico la ropa por colores y preparo las cajas. La relación con mis compañeros es muy buena y ellos me ayudan mucho. Me gusta mucho salir con mis compañeros. De vez en cuando, salimos a tomar algo o a cenar después de trabajar. Me gusta trabajar porque gano dinero para mis gastos. Además, soy más responsable y autónoma.

EVA

¡Mi primera experiencia de trabajo fue horrible! Todos los días me levantaba muy pronto, a las cuatro de la mañana, porque trabajaba en una panadería. Trabajábamos cinco personas y a una compañera y a mí nos despidieron. Buscaron una excusa y nos dijeron que ya éramos muy antiguas. Me echaron sin explicaciones e injustamente porque el mundo laboral a veces es muy discriminatorio, sobre todo si eres una chica joven sin experiencia, pero, afortunadamente, mis padres me han ayudado a encontrar un nuevo trabajo en un periódico local y ahora estoy muy feliz y estudio para ser periodista. ¡Es mi sueño!

1. ¿Quién dice que al principio fue difícil empezar?
    a. Marcos.
    b. María.
    c. Eva.

2. ¿Quién ha conseguido trabajar en lo que ha estudiado?
    a. Marcos.
    b. María.
    c. Eva.

3. ¿Quién dice que el mundo laboral puede ser difícil si eres inexperto?
    a. Marcos.
    b. María.
    c. Eva.

4. ¿Quién ha encontrado el apoyo de su familia al empezar el primer trabajo?
    a. Marcos.
    b. María.
    c. Eva.

5. ¿Quién vivió sentimientos contrastantes al empezar el trabajo?
    a. Marcos.
    b. María.
    c. Eva.

6. ¿Quién ha cambiado de trabajo?
    a. Marcos.
    b. María.
    c. Eva.

7. ¿Quién tiene muy buenas relaciones con sus colegas?
    a. Marcos.
    b. María.
    c. Eva.

8. ¿Quién dice que con sus tareas aprende cada vez más?
    a. Marcos.
    b. María.
    c. Eva.

COMPRENSIÓN DE LECTURA

Tarea 1 | Tarea 2 | Tarea 3 | Tarea 4 | Tarea 5

Lea estos dos textos. En cada uno faltan cuatro fragmentos. Elija el correcto en cada caso. Sobra uno.

Texto 1 — CULTURA COLOMBIANA

La cultura colombiana es muy colorida y alegre y eso se ve reflejado en su amor por la música, por la pasión de sus festivales y carnavales. Además, tienen una gran tradición de artesanías y de café. __1__ . En Colombia la música está presente en todos los ámbitos y es el hilo conductor de sus vidas. La gran cantidad y diversidad de influencias han hecho que la música colombiana sea una de las más ricas de la región. Destacan la salsa, la cumbia y el famoso vallenato que se interpreta con acordeón, caja y guacharaca. El carnaval de Barranquilla es parte de su patrimonio cultural inmaterial… ¡No te lo pierdas!

__2__ . Además, entre muchas de las festividades del país, en Riosucio se celebra el Carnaval del Diablo, que es una fiesta herencia de los aborígenes precolombinos. El 25 de junio, se celebra el Festival Folclórico de Tolimense y el 14 de junio, las Fiestas de San Pedro en Neiva, que en sus orígenes era para jurar obediencia al rey de España. __3__ . Entre sus símbolos nacionales está su riquísimo e inconfundible café. También la palma de cera, que estuvo a punto de extinguirse y ahora se puede ver en el valle de Cocora, la zona cafetera del país, y la orquídea es la flor nacional del país. Colombia es un país bastante religioso y la mayoría de sus habitantes son católicos. __4__ .

(Adaptado de www.sinmapa.net)

a. El patrimonio nacional del país se apoya en estos productos de la tierra porque Colombia es un país especializado en el sector agrícola y en la venta de objetos religiosos como amuletos que constituyen la ganancia del país.

b. Colombia es conocida sobre todo por sus tradiciones populares que remontan a creencias antiguas y folclóricas. Estas fiestas son verdaderamente autóctonas.

c. La tradición musical y estos eventos nacionales aportan mucho turismo porque los extranjeros quieren conocer los bailes tradicionales y escuchar su música en vivo.

d. Gracias a estas tradiciones musicales siempre hay muchos eventos organizados en todo el país, como conciertos, bailes populares y cursos de salsa junto con los nativos.

e. Colombia es uno de los países exportadores de estos productos debido a la presencia de pequeñas tiendas donde se producen objetos y grandes terrenos cultivables.

Texto 2   CATALUÑA Y PAÍS VASCO: CENTROS INDUSTRIALES DE ESPAÑA

El proceso de industrialización en España fue lento y, en general, tuvo un éxito limitado y se centró en el norte de la península, especialmente en Cataluña y en el País Vasco. En la primera mitad del siglo XIX, la gran diferencia radica en la desaparición, casi por completo, de Andalucía en la industria. __1__ . Cataluña fue el primer territorio que se incorporó al proceso industrial en España gracias a una burguesía catalana que rápidamente vio la necesidad de invertir en desarrollo industrial.

__2__ . Cataluña entra en la Restauración con una dinámica positiva de crecimiento industrial importante, lo que le permite seguir a la cabeza (junto al País Vasco) de la industrialización española.

El sector textil continuaba siendo el eje sobre el que giraba el resto de la industria catalana y el motor que hacía mover su economía. A pesar de la seguridad que el textil ofrecía, los industriales burgueses decidieron diversificar la economía, cosa que resultó ser muy acertada, buscando el desarrollo de nuevas industrias, especialmente la metalúrgica o la de bienes de equipo. __3__ . A partir de los años 70, el País Vasco se convirtió en el motor industrial del país y, por lo tanto, el motor económico.

El producto clave para este desarrollo será el hierro. Las minas existentes en este territorio eran lo suficientemente importantes como para permitir el crecimiento del sector industrial, concretamente de altos hornos. __4__ .

(Adaptado de http://e-ducativa.catedu.es)

a. Entre esta diversificación y el control del comercio interior en lo referente a la industria textil, Cataluña sigue siendo una de las regiones de mayor importancia en la economía española.

b. El crecimiento de la industria siderúrgica llevó indirectamente al desarrollo de otros sectores, especialmente la metalurgia y la industria naval.

c. Sin embargo, España no tenía ni la capacidad técnica, ni económica, ni siquiera natural como para que el resultado fuera importante.

d. Prácticamente todo el crecimiento industrial se va a centrar en dos zonas: Cataluña y País Vasco.

e. De hecho, fueron los primeros en utilizar los nuevos inventos procedentes de Inglaterra para mejorar y aumentar su producción.

COMPRENSIÓN DE LECTURA

Tarea 1 | Tarea 2 | Tarea 3 | Tarea 4 | **Tarea 5**

Lea este texto en el que faltan doce palabras. Elija la opción correcta para cada caso.

DESCUBRIMIENTOS CIENTÍFICOS

Algunos descubrimientos científicos han revolucionado el mundo de la ciencia. Así lo __1__ el último *ranking* anual de la prestigiosa revista *Sciencie*. A continuación, se presentan los tres primeros descubrimientos.

El primero es la fusión de estrellas de neutrones. La detección de ondas gravitacionales procedentes de la fusión de dos estrellas de neutrones es un gran descubrimiento. En realidad, son perturbaciones que ya __2__ Einstein en la teoría de la relatividad y que recorren el espacio y el tiempo a la velocidad de la luz. La masa acelerada a grandes velocidades perturba el entorno y genera unas distorsiones que pueden ser detectadas lejos de la fuente. Los __3__ de Estados Unidos y de Italia registraron durante 100 segundos diminutas ondas en el espacio-tiempo. Al mismo tiempo se produjo un estallido de rayos gamma recogido por 70 telescopios internacionales: fue aquí cuando presenciaron la existencia de oro, platino y otros elementos químicos más pesados que el hierro en el entorno de la colisión. __4__ se tradujo en el descubrimiento de un ínfimo cambio en el espacio-tiempo en la Tierra ocasionado por la fusión de dos agujeros negros estelares lejanos.

El segundo gran descubrimiento es una nueva especie de orangután. Un equipo de __5__ de Zúrich descubrió un nuevo miembro de la familia de los homínidos: el orangután Tapanuli. __6__ pruebas de ADN y al estudio de su anatomía, los científicos __7__ que este animal habitaba en los distritos de Tapanuli, en Somalia. Aunque estos se descubrieron hace más de 20 años, se pensó que se trataba del orangután de Borneo, una especie __8__ Tapanuli se separó hace ya 647 000 años. __9__ se conocen solo 800 ejemplares, la comunidad científica solicita su máxima protección.

Y __10__, el tercer gran descubrimiento es el CRISPR: el revolucionario sistema de edición genética. Aunque ya es muy conocida la técnica CRISPR de edición genética, se han producido nuevos avances. Se ha desarrollado un procedimiento capaz de controlar las cuatro bases de las que se compone el ADN. __11__, este nuevo avance ha mejorado la potencia de las __12__ de edición genética y permiten a partir de ahora editar las letras del material genético (A, C, G y T) con el objetivo de tratar de curar enfermedades, prevenir las hereditarias y corregir errores puntuales en el material genético de los embriones humanos.

(Adaptado de www.eldiario.es)

1. a. plantea   b. habría sido   c. concibe
2. a. hubo predicho   b. predijo   c. predecirá
3. a. observatorios   b. miradores   c. microscopios
4. a. Ello   b. Esos   c. Esto
5. a. buscadores   b. estudiosos   c. investigadores
6. a. Por causa de   b. Gracias a   c. A causa de
7. a. concluyeron   b. han concluido   c. concluyen
8. a. de lo cual   b. de la que   c. de que el
9. a. Debido a que   b. De ahí que   c. De manera que
10. a. por último   b. en conclusión   c. en definitiva
11. a. De ahí que   b. De esta forma   c. Por lo cual
12. a. facilidades   b. herramientas   c. articulaciones

Examen 2

PRUEBA 2

Comprensión auditiva

Número de tareas: 6 ■ Tiempo: 55 minutos

Tarea 1 | Tarea 2 | Tarea 3 | Tarea 4 | Tarea 5 | Tarea 6

Usted va a escuchar un diálogo entre Pedro y su madre. Lea las cinco oraciones y elija la opción correcta para cada hueco.

> Va a escuchar la conversación dos veces.
> Tiene 30 segundos para leer las oraciones.

a. colega | b. juegos | c. roja | d. padre | e. abuelo | f. dibujos | g. la oficina | h. negra | i. el sofá | j. tío
k. el baño | l. amigo | m. entrenador | n. azul | ñ. deberes

1. La mochila nueva de Pedro es _____.
2. El _____ de Pedro tiene la mochila nueva.
3. La mochila está en _____.
4. Después de cenar, Pedro hace los _____.
5. Pedro sale para jugar con su _____.

Tarea 1 | **Tarea 2** | Tarea 3 | Tarea 4 | Tarea 5 | Tarea 6

Usted va a escuchar cinco anuncios. Elija la opción correcta.

> Va a escuchar los anuncios dos veces.
> Tiene 30 segundos para leer las preguntas.

Anuncio 1. Los vendedores compran...
       a. todo tipo de coches y motos.
       b. solo coches.
       c. solo motos rotas.

Anuncio 2. En este anuncio, se ofrece gratuitamente...
       a. una maleta.
       b. un bolso.
       c. una bolsa para líquidos.

Anuncio 3. El escritor del anuncio...
       a. va a presentar su primer libro.
       b. va a presentar un libro de aventuras.
       c. no es conocido.

Anuncio 4. Este anuncio promueve...
       a. estancias románticas.
       b. un hotel precioso.
       c. una deliciosa comida.

Anuncio 5. Este anuncio...
       a. vende un disco.
       b. describe cómo grabar discos.
       c. va a explicar cómo vender un disco.

COMPRENSIÓN AUDITIVA

Tarea 1 | Tarea 2 | **Tarea 3** | Tarea 4 | Tarea 5 | Tarea 6

Usted va a escuchar a ocho personas hablando de su primer viaje en avión. Elija la oración que corresponde a cada persona.

> Va a escuchar a cada persona dos veces.
> Tiene 30 segundos para leer las oraciones.

a. Estaba tan contenta que no dejaba de hablar.
b. Cuenta que su avión se cayó.
c. Al principio del vuelo se sintió mal.
d. Cuando voló la primera vez, todavía no había nacido.
e. Su viaje fue relajado y no tardó mucho en llegar.
f. En su mismo avión volaba también un famoso jugador.
g. Cuando voló la primera vez, era un bebé.
h. Durante su primer viaje se hizo una foto con el jugador.
i. Su viaje fue un desastre porque el avión no llegó a la hora establecida.
j. En su primer viaje tuvo miedo de caer.
k. Cuenta cómo consiguió su objetivo a toda costa.

Persona 1: ____   Persona 2: ____   Persona 3: ____   Persona 4: ____

Persona 5: ____   Persona 6: ____   Persona 7: ____   Persona 8: ____

Tarea 1 | Tarea 2 | Tarea 3 | **Tarea 4** | Tarea 5 | Tarea 6

Usted va a escuchar una entrevista a Ana Cobos Cedillo, presidenta de la Confederación de Organizaciones de Psicopedagogía y Orientación de España (COPOE). Elija la opción correcta.

> Va a escuchar la entrevista dos veces.
> Tiene 45 segundos para leer las preguntas.

1. La función de los profesionales de la orientación académica es...
   a. aconsejar a los alumnos sobre su carrera futura.
   b. encontrar un puesto de trabajo a las personas.
   c. acompañar a los estudiantes en su carrera universitaria.

2. Los primeros orientadores se ocupaban de...
   a. aconsejar a los alumnos con discapacidad sobre su futuro trabajo.
   b. trabajar en tres provincias de España para la EGB.
   c. ayudar a las Administraciones en la orientación de los estudiantes discapacitados.

3. Ana Cobos opina que la orientación se puede reconocer como profesión...
   a. gracias a un máster en Educación Secundaria.
   b. a través de oposiciones.
   c. realizando una carrera en Pedagogía.

4. La orientación no está reconocida profesionalmente porque...
   a. es una disciplina reciente y no tiene estudios.
   b. no se sitúa en las Ciencias de la Educación.
   c. tiene una base que no es científica.

5. Es importante saber cómo aprenden los estudiantes porque...
   a. se añadiría la orientación dentro del marco de las Ciencias de la Educación.
   b. se reconocería la orientación como una ciencia más sólida.
   c. más profesores se acercarían a esta profesión.

6. La profesionalización de la orientación ha tenido éxito...
   a. sobre todo en España.
   b. en toda Europa.
   c. en ninguna parte todavía.

7. La orientación surgió a partir...
   a. del reconocimiento de los derechos humanos.
   b. de la aprobación de la COPOE.
   c. de la llegada de la democracia a principios del siglo xx.

8. El objetivo principal de la red de profesionales de la COPOE es...
   a. motivar a los estudiantes a sacar oposiciones.
   b. perfeccionar el mundo de la educación.
   c. construir una red de profesores más sólida.

COMPRENSIÓN AUDITIVA

Tarea 1 | Tarea 2 | Tarea 3 | Tarea 4 | **Tarea 5** | Tarea 6

Usted va a escuchar seis fragmentos de una conferencia de Shakira sobre su visión de futuro dirigida a los empresarios más importantes del continente americano sobre la educación en América Latina. Elija para cada fragmento la opción correcta.

> Va a escuchar los fragmentos de la conferencia dos veces.
> Tiene 45 segundos para leer las opciones.

Fragmento 1:
 a. Las Américas sufren desigualdades económicas que impiden el desarrollo.
 b. Para combatir la pobreza hay que invertir en los niños antes de que nazcan.
 c. El Gobierno es el único que debe invertir en el desarrollo de los países.

Fragmento 2:
 a. América Latina posee una de las peores economías del mundo.
 b. Las desigualdades de hoy son producto de los políticos pasados.
 c. La oradora propone pensar en el futuro y no en los errores del pasado.

Fragmento 3:
 a. Los presentes trabajan en iniciativas de caridad.
 b. Los presentes deben hacer inversiones sociales.
 c. La oradora propone luchar contra la pobreza todos unidos.

Fragmento 4:
 a. Educar a los jóvenes es una inversión económica de futuro.
 b. Es necesario educar a los niños, ya que crecen rápido.
 c. La inversión social ofrece retornos a largo plazo.

Fragmento 5:
 a. Es evidente que la educación es importante en el jardín de infantes.
 b. Se sabe cómo será el niño en la escuela secundaria según su nivel en el jardín de infantes.
 c. Invirtiendo en la educación secundaria el niño desarrollará su vida adulta.

Fragmento 6:
 a. Por cada dólar invertido en la educación de un niño el estado gana 17.
 b. Invertir en educación es un negocio privado.
 c. Invertir en educación es exclusivamente un negocio para la sociedad civil.

Tarea 6

Tarea 1 | Tarea 2 | Tarea 3 | Tarea 4 | Tarea 5 | **Tarea 6**

Usted va a escuchar un fragmento de una conferencia de Antonio Domingo sobre partituras de obras de Gaspar Sanz. Elija las seis opciones que corresponden a esta conferencia.

> Va a escuchar la conferencia dos veces.
> Tiene 50 segundos para leer las opciones.

a. Gaspar Sanz se inspiró en Manuel de Falla.

b. Gaspar Sanz es un compositor recién descubierto por Antonio Domingo.

c. Andrés Segovia y Joaquín Rodrigo se inspiraron en Gaspar Sanz.

d. La idea de escribir obras inspiradas en Gaspar Sanz surgió desde el primer momento.

e. El uso de los instrumentos de lámina permite remontar a una época antigua.

f. *Folías* es el título de las composiciones de Gaspar Sanz.

g. La versión de Gaspar Sanz y la de Antonio Domingo no se parecen.

h. Antonio Domingo se inspira en las obras del pianista Gaspar Sanz.

i. *Folías* original está escrita para marimba.

j. La música de Sanz le hace sentir vivo a Antonio Domingo.

k. El título *Folías* tiene orígenes portugueses y españoles.

l. La armonía de la obra originaria de Sanz se presta a la transcripción para guitarra.

Examen 2

PRUEBA 3

Expresión e interacción escritas

Número de tareas: 2 ■ Tiempo: 50 minutos

Tarea 1 | Tarea 2

Lea un mensaje que un chico ha dejado en un foro y conteste.

> **En su respuesta debe:**
> - saludar;
> - proponer una ciudad para visitar;
> - describir la ciudad propuesta;
> - contar si ha estado allí y lo que le gustó o si irá y lo que hará;
> - despedirse.

> **Número de palabras recomendado: entre 100 y 150.**

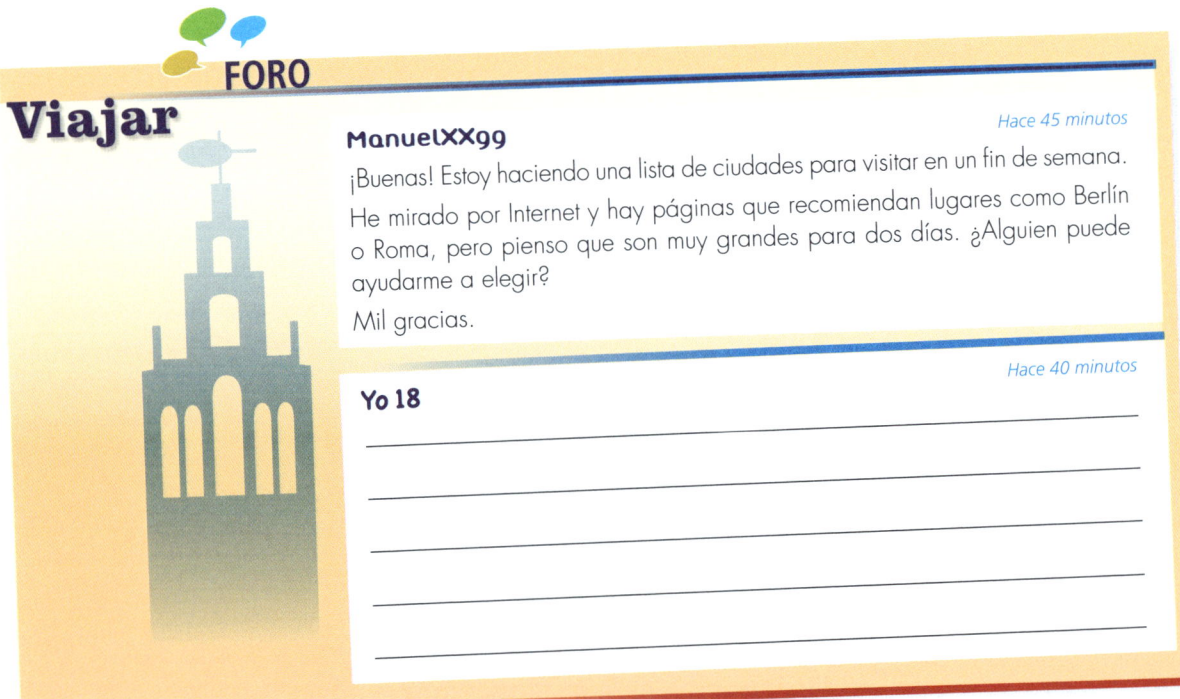

PRUEBA 3

Tarea 1 | **Tarea 2**

Elija el tipo de texto y el tema sobre el que va a escribir. Si no elige dentro de un minuto, el sistema va a elegir una opción de forma aleatoria.

> Elija una de las dos opciones que se le ofrecen a continuación.

Opción 1: Escribir un texto de opinión: *El uso de la tecnología en niños*
Opción 2: Escribir una carta a un periódico: *El cierre de su antiguo colegio*

> Número de palabras recomendado: entre 250 y 300.

OPCIÓN 1: Escribir un texto de opinión

Lea la siguiente noticia y escriba un texto de opinión para un periódico local sobre el uso de la tecnología en los niños. Tiene que:

- exponer el tema;
- dar su opinión;
- presentar argumentos a favor o en contra;
- concluir.

EL USO DE LA TECNOLOGÍA EN NIÑOS

Vídeos, mensajes, redes sociales… demasiada información (no siempre buena) y muchas oportunidades que tienen un cierto peligro. Actualmente, las nuevas tecnologías son casi omnipresentes y siguen siendo un desafío para muchos padres, inseguros sobre cómo conciliar la educación de sus hijos con el tiempo que estos pasan pegados a una pantalla. ¿Es perjudicial la abundancia de tecnología para los niños?

Tarea 1 | **Tarea 2**

OPCIÓN 2: Escribir una carta a un periódico

Usted fue un alumno del colegio Estilo de Madrid y no está conforme con su cierre. Lea esta noticia y escriba una carta al periódico *Mundo hoy* en la que exprese:
- los motivos de su inconformidad con el cierre;
- qué otros problemas pueden generarse con esta medida;
- cuáles son las alternativas de solución al problema existente;
- la respuesta que espera de las autoridades locales.

EL CIERRE DE SU ANTIGUO COLEGIO

La noticia del cierre del colegio Estilo de Madrid ha producido mucho descontento entre los ciudadanos de la capital. En los últimos años la situación financiera del centro ha empeorado. Los niños apenas tenían espacio para jugar y el peor augurio llegó este último curso cuando un tercio de los alumnos se fueron a otros colegios de la ciudad ante los rumores de cierre.

Examen 2

PRUEBA 4

Expresión e interacción orales

Número de tareas: 5 ■ Tiempo: de 15 a 20 minutos

| Tarea 1 | Tarea 2 | Tarea 3 | Tarea 4 | Tarea 5

Conteste a cuatro preguntas de carácter personal. Pulse en *Escucha* para escuchar cada pregunta y, después, pulse en *Grabar* para responder.

> Tiene 15 segundos para grabar cada respuesta de las preguntas 1 y 2.
> Tiene 30 segundos para grabar cada respuesta de las preguntas 3 y 4.

| Tarea 1 | Tarea 2 | Tarea 3 | Tarea 4 | Tarea 5

Elija en 30 segundos una de las siguientes fotografías para describir lo que ve en ella.

OPCIÓN 1

OPCIÓN 2

> Tiene dos minutos para preparar la tarea.
> Después, grabe su respuesta. Tiene de uno a dos minutos para realizarla.

EXPRESIÓN E INTERACCIÓN ORALES

OPCIÓN 1

OPCIÓN 2

> **Describa la fotografía y conteste a las preguntas:**
- ¿Cuántas personas hay?
- ¿Qué relación cree que existe entre ellas?
- Describa a esas personas: ¿cómo son?, ¿qué ropa llevan?
- ¿Dónde están?
- ¿Qué objetos hay en las imágenes, cómo son y dónde están?

Tarea 1 | Tarea 2 | **Tarea 3** | Tarea 4 | Tarea 5

BLOQUE 1

Elija en 30 segundos una de las siguientes situaciones y grabe su respuesta.
Situación 1: Aceptar una invitación
Situación 2: Problema en una inmobiliaria

SITUACIÓN 1: Aceptar una invitación

Su cuñada le ha invitado a pasar las Navidades juntos en su casa en Zamora, pero usted ya tiene un viaje programado para esas fechas y llegará unos días después. Usted debe:
- agradecerle la invitación y disculparse;
- decir por qué no puede ir y cuándo irá;
- felicitarle las fiestas y volverse a disculpar.

> **Tiene 20 segundos para pulsar *Grabar*. Si no lo hace, la grabadora se iniciará automáticamente.**
> **Tiene un minuto y medio para realizar la tarea.**

SITUACIÓN 2: Problema en una inmobiliaria

Usted ha dado la señal para un piso para un mes en Santiago de Chile. Ha llamado a la inmobiliaria para confirmar algunos papeles y firmar el contrato. Le comunican que ha habido un error y el piso ya no está disponible. Llame por teléfono a la inmobiliaria. Usted debe:
- explicar lo que ha sucedido;
- quejarse sobre lo sucedido;
- pedir explicaciones y el dinero dado.

> **Tiene 20 segundos para pulsar *Grabar*. Si no lo hace, la grabadora se iniciará automáticamente.**
> **Tiene un minuto y medio para realizar la tarea.**

EXPRESIÓN E INTERACCIÓN ORALES

BLOQUE 2

Elija en 30 segundos una de las siguientes situaciones y grabe su respuesta.
  Situación 1: Vender las entradas de un concierto
  Situación 2: Planificar un viaje con una agencia

SITUACIÓN 1: Vender las entradas de un concierto

Usted no puede ir al concierto de su grupo favorito. Decide vender las entradas que compró hace tiempo. Usted debe:
- decir de quién es el concierto, cuándo es y dónde;
- explicar por qué quiere vender las entradas;
- decidir el precio y cómo venderlas.

> **Tiene 20 segundos para pulsar *Grabar*. Si no lo hace, la grabadora se iniciará automáticamente.**
> **Tiene un minuto y medio para realizar la tarea.**

SITUACIÓN 2: Planificar un viaje con una agencia

Usted quiere ir de vacaciones y se dirige a una agencia de viajes para planificar su estancia. Usted debe:
- decir dónde quiere ir y cuándo;
- explicar qué tipo de vacaciones desea;
- decidir su presupuesto y condiciones.

> **Tiene 20 segundos para pulsar *Grabar*. Si no lo hace, la grabadora se iniciará automáticamente.**
> **Tiene un minuto y medio para realizar la tarea.**

Tarea 1 | Tarea 2 | Tarea 3 | **Tarea 4** | Tarea 5

Elija en 30 segundos uno de los siguientes temas para hablar sobre él en las tareas 4 y 5.
Opción 1: La maternidad subrogada
Opción 2: El consumismo excesivo

A continuación, lea el texto. Después, pulse *Escucha* para escuchar cada pregunta y grabe su respuesta.

> Tiene usted un minuto para responder cada pregunta.

OPCIÓN 1

LA MATERNIDAD SUBROGADA

La maternidad o gestación subrogada es un tema que siempre ha generado mucho debate. Esta práctica, conocida como vientre de alquiler, es aquella por la cual una mujer se queda embarazada de un bebé que al nacer será adoptado por otra persona o pareja. La subrogación puede poner en riesgo la salud de muchas madres, especialmente las de los sectores más pobres de la población, que podrían ver en esta práctica una forma de enriquecerse. Además, tiene otras implicaciones éticas, como la del vínculo que se forma entre madre e hijo mientras se está gestando y que puede suponer un problema tras el parto para ambos.

OPCIÓN 2

EL CONSUMISMO EXCESIVO

En la época del bienestar y de tecnología, gastar dinero y pedir préstamos para comprar regalos se ha convertido casi en una costumbre en Occidente. Joyas, libros, ropa, objetos exóticos, productos para el baño… cosas que no son comida (es decir, prescindibles para nuestra vida), pero a las que no conseguimos renunciar. Cosas buenas cuya compra efectuamos de manera exagerada, gastando más tiempo y dinero de lo necesario. Tanto que hasta una festividad importante como Navidad va perdiendo más y más su caracterización de celebración sagrada para convertirse en otra ocasión para adquirir nuevas posesiones (y consumir dinero).

Tarea 1 | Tarea 2 | Tarea 3 | Tarea 4 | Tarea 5

Si en la tarea 4 usted ha elegido el tema de *La maternidad subrogada*, seleccione una de las dos opciones. Después, tiene dos minutos para preparar una argumentación a favor o en contra de la opción elegida.

OPCIÓN 1

Renunciar a su propio hijo y elegir la maternidad subrogada es un derecho, al igual que cualquier otro.

OPCIÓN 2

La maternidad subrogada debe prohibirse porque es un acto inhumano.

Si en la tarea 4 usted ha elegido el tema *El consumismo excesivo*, seleccione una de las dos opciones. Después, tiene dos minutos para preparar una argumentación a favor o en contra de la opción elegida.

OPCIÓN 1

En estos tiempos de crisis, comprar cosas es la única manera de fortalecer la economía, de modo que para los ciudadanos valdría la pena pedir pequeños préstamos que puedan devolver en el futuro.

OPCIÓN 2

Quienes gastan demasiado dinero en las tiendas o en los centros comerciales lo hacen también para remediar una falta de cariño o un vacío que sienten.

> **No olvide:**
> - dar su opinión;
> - justificar su opinión y exponer sus razones;
> - decir algún ejemplo;
> - concluir con argumentos.

> Tiene 30 segundos para elegir la opción. Grabe su respuesta. Tiene de tres a cuatro minutos para realizar la tarea.

Examen

3

Examen 3

PRUEBA 1

Comprensión de lectura

Número de tareas: 5 ■ Tiempo: 60 minutos

Tarea 1 | Tarea 2 | Tarea 3 | Tarea 4 | Tarea 5

Lea estos cinco textos breves. Elija la opción adecuada en cada caso.

Texto 1. Hoteles MB

HOTELES MB — 350 €

Hoteles fantásticos con precios muy baratos. Tu hotel favorito está en nuestra página web. Oferta exclusiva para parejas. No admite mascotas. Habitaciones dobles con vistas al mar desde 350 euros. Con nosotros disfrutas de una estancia llena de experiencias extraordinarias.

1. Los hoteles del anuncio...
   a. admiten perros.
   b. tienen ofertas para grupos.
   c. tienen vista al mar.

Texto 2. Restaurantes

En nuestro sitio elcuchillo.es puedes encontrar el restaurante perfecto para ti: asiático, mexicano, italiano... Escribe el tipo de restaurante que deseas, la fecha y el número de personas. Puedes reservar rápidamente. Los especialistas en comida recomiendan nuestra selección de restaurantes, gracias a nuestras publicaciones; son espacios increíbles.

¡TE ESPERAMOS!

2. elcuchillo.es es un sitio de...
   a. especialistas en comida.
   b. reservas de restaurantes.
   c. publicaciones sobre comida.

Texto 3. Mensaje de Lucía

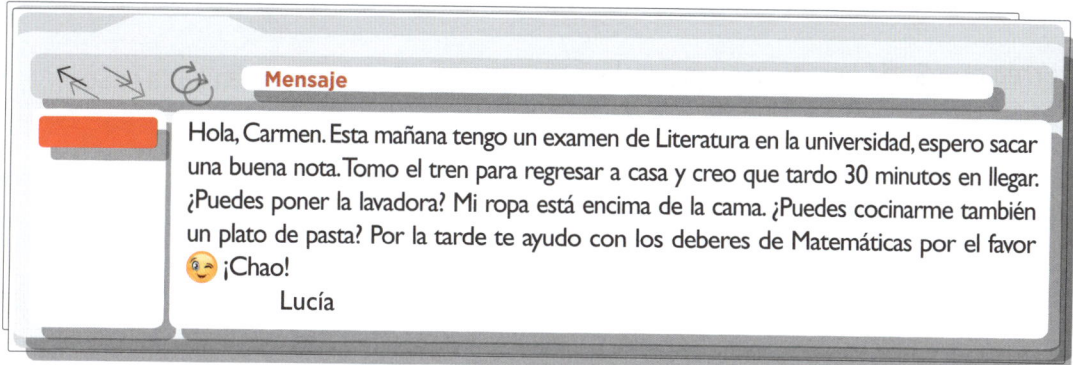

Mensaje

Hola, Carmen. Esta mañana tengo un examen de Literatura en la universidad, espero sacar una buena nota. Tomo el tren para regresar a casa y creo que tardo 30 minutos en llegar. ¿Puedes poner la lavadora? Mi ropa está encima de la cama. ¿Puedes cocinarme también un plato de pasta? Por la tarde te ayudo con los deberes de Matemáticas por el favor 😉 ¡Chao!
Lucía

3. Lucía...
   a. hace el examen en la escuela.
   b. pide ayuda a Carmen con los deberes de Matemáticas.
   c. pide a Carmen ayuda con la comida y la lavadora.

Texto 4. Foro

Organización en el foro

Hola a todos, quiero compartir nuestras opiniones en este foro. Os comento las tareas aquí; es necesario mirar este espacio todos los días. Primero, vemos la ropa que hay en la tienda y después os digo las tareas para ese día. Podéis escribir aquí para cualquier duda.

4. El propietario de la tienda...
   a. reparte las tareas a sus empleados.
   b. comparte los productos en el foro.
   c. no escribe en el foro.

Texto 5. Webs

Desarrollamos webs de empresa

¿Necesitas ayuda para crear tu página web?
Tienes suerte, somos una buena empresa con una gran calidad/precio. Puedes ver todos nuestros trabajos en nuestro sitio web y comprobar nuestro trabajo. Además, también realizamos proyectos y diseños a muy buen precio.

5. Los informáticos del anuncio...
   a. proponen sus trabajos en su página.
   b. ofrecen un servicio de creación de páginas web.
   c. tienen una empresa de diseños.

COMPRENSIÓN DE LECTURA

Tarea 1 | Tarea 2 | Tarea 3 | Tarea 4 | Tarea 5

Lea este correo que Sofía escribe a su prima Lucía. Elija la opción correcta en cada caso.

Para: Lucía
CC:
Asunto: Ecuador

Hola, Lucía, ¿cómo estás?

¡Te escribo desde Ecuador! Sabes que me gusta mucho viajar y explorar nuevos países para conocer nuevas culturas. Estoy aquí desde hace dos semanas y me voy a quedar hasta finales de mes. ¡Un viaje increíble! Voy a contarte qué estoy haciendo aquí...

Por primera vez he decidido tomarme las cosas con tranquilidad, así que he optado por hacer un viaje en un barco de lujo y relajarme. Estás sorprendida, ¿verdad? Lo sé, normalmente me gustan los viajes aventureros con una mochila y un saco de dormir, pero esta vez he querido relajarme un poco.

Hace un mes, cuando estaba en España, reservé un exclusivo viaje por tierras ecuatorianas: he navegado por las aguas del río Napo, en el parque nacional Yasuní, uno de los sitios con mayor número de animales y plantas del mundo. Además, el barco era de lujo y hemos ido por los lugares más impresionantes de la selva de Ecuador y que muy pocos han tenido la oportunidad de recorrer.

En los últimos días hemos hecho muchas excursiones. ¡Estas experiencias en la selva amazónica han sido únicas! También hemos volado a las islas Galápagos para vivir una de las experiencias naturales más maravillosas: hemos visto muchísimas plantas y animales increíbles.

Para las próximas semanas la agencia de viajes ha organizado una excursión a las islas deshabitadas que están por aquí en los alrededores. Contéstame pronto porque quiero saber tu opinión y, si te apetece, podemos organizar un viaje aventurero juntas para el próximo año, ¡estoy segura de que te va a encantar!

Un beso,

Sofía

1. Con este correo, Sofía...
    a. cuenta a Lucía qué está haciendo en Ecuador.
    b. explica a su prima qué quiere hacer en Ecuador.
    c. habla de su próximo viaje a Ecuador.

2. El viaje de Sofía es...
    a. de aventura.
    b. de lujo.
    c. duro y difícil.

3. Normalmente, Sofía...
    a. hace viajes lujosos.
    b. hace viajes aventureros.
    c. viaja en barco.

4. Con el barco, Sofía...
    a. ha visitado lugares llenos de turistas.
    b. ha ido a las islas Galápagos.
    c. ha explorado lugares magníficos.

5. Al final del correo, Sofía...
    a. propone a Lucía organizar un viaje juntas.
    b. dice a Lucía que debe ir a Ecuador.
    c. anima a Lucía a hacer más viajes aventureros.

COMPRENSIÓN DE LECTURA

Tarea 1 | Tarea 2 | Tarea 3 | Tarea 4 | Tarea 5

Lea estos tres textos en los que unos chicos van a contar sus primeras experiencias en el amor. Elija la opción correcta para cada pregunta.

PABLO

Nunca olvidaré mi primer amor… Creo que después de esa primera experiencia siempre quedará el recuerdo de la persona. Cuando se ama por primera vez, se despiertan sentimientos que nunca has sentido por nadie. ¡Es magnífico! La persona que está enamorada es más amable y cariñosa, ve las cosas de diferente manera, tiene buen humor, mejor ánimo y es más optimista. Además, se experimentan sensaciones únicas e inolvidables: emocionarse con el primer beso, la primera caricia o las primeras palabras de amor. Estos son los recuerdos de mi primer amor… y yo creo que nunca más me enamoraré del mismo modo.

LAURA

En mi adolescencia el amor siempre fue una pesadilla… La primera vez que me enamoré pensaba que sería para toda la vida, pero no es así. No supe superar la ruptura de ese amor adolescente, y para mí fue un auténtico drama; perdí mi autoestima y ya no creía en el amor. Me aparté de las relaciones y esto me hizo sentir aún más insegura porque temía las decepciones. Mis padres no me ayudaron a afrontar la situación, así que ahora, como psicóloga, considero que es importante que los jóvenes reciban apoyo y se sientan protegidos por su entorno más cercano. Y saber gestionarlo es tan importante como la relación.

FELIPE

Mi primera experiencia en el amor fue cuando comprendí que me gustaba mi mejor amigo. Esta experiencia me ayudó a entender quién soy y qué quiero en mi vida. En un primer momento no quería decirlo porque no sabía cómo iba a reaccionar mi familia y mis amigos. Hacerlo durante la adolescencia puede ser difícil, ya que nuestro bienestar depende de nuestros padres. La mayoría de la gente lo cuenta poco a poco, mientras que otros lo hacen de repente. Pero es una decisión de cada individuo. En mi caso fue liberador porque me permitió vivir mi relación de manera natural. Estoy convencido de que el amor puede sorprenderte cuando menos te lo esperas…

1. ¿Quién tuvo fracasos amorosos en su adolescencia?
    a. Pablo.
    b. Laura.
    c. Felipe.

2. ¿Quién afirma que es fundamental el apoyo de la familia?
    a. Pablo.
    b. Laura.
    c. Felipe.

3. ¿Quién dice que, en cualquier caso, el primer amor no se olvida?
    a. Pablo.
    b. Laura.
    c. Felipe.

4. ¿Quién dice que le gustaba su amigo?
    a. Pablo.
    b. Laura.
    c. Felipe.

5. ¿Quién sigue pensando en su primer amor?
    a. Pablo.
    b. Laura.
    c. Felipe.

6. ¿Para quién el amor es una decisión personal?
    a. Pablo.
    b. Laura.
    c. Felipe.

7. ¿Quién afirma que el amor es un sentimiento sobrevalorado?
    a. Pablo.
    b. Laura.
    c. Felipe.

8. ¿Quién dice que una persona puede enamorarse en cualquier momento?
    a. Pablo.
    b. Laura.
    c. Felipe.

COMPRENSIÓN DE LECTURA

Tarea 1 | Tarea 2 | Tarea 3 | Tarea 4 | Tarea 5

Lea estos dos textos. En cada uno faltan cuatro fragmentos. Elija el correcto en cada caso. Sobra uno.

Texto 1

FRIDA KAHLO

Frida Kahlo es la artista mexicana más famosa del mundo. __1__. Esto la sitúa por encima de la escala. En su arte hay una mezcla de vida, obra, cuerpo e ideas de Frida. El padre del surrealismo, André Breton, decía que era: «Un listón alrededor de una bomba».

__2__. Él dio el salto del pequeño *doodle* que le dedicó a la artista mexicana hace unos años en el centro de su proyecto Arts & Culture, al que el público puede acceder ahora libremente. Google creó una plataforma para que la gente pudiera visitar desde sus casas algunos de los museos más importantes del mundo, como el Metropolitano de Nueva York o el Hermitage de San Petersburgo, y de esta forma ver las obras maestras sin tener que ir al museo.

Frida Kahlo no tenía rivales. __3__. Todas las Fridas juntas tienen los ingredientes necesarios para fundar un culto: la pintora y su modelo, la doliente (solía decir: «No estoy enferma, estoy rota»), la esposa, la madre frustrada, el personaje singular que con sus peinados y sus moños y sus lágrimas se volvió parte del paisaje de México…

El director del Instituto Cultural de Google, Amit Sood, decía: «Frida es la artista perfecta». __4__.

Su obra alcanzó fama y verdadero reconocimiento internacional después de su muerte.

(Adaptado de www.nytimes.com)

a. Él se quedó sin palabras cuando vio las obras de Frida, únicas y extremadamente personales.

b. Artistas como Van Gogh o Leonardo da Vinci, aunque le llevan años de ventaja, no pueden competir en términos de aportación personal a sus obras.

c. Este afirma que, por su complejidad, ella tenía que ser la primera a la que hacer una retrospectiva en 360 grados y a la que dar el increíble prestigio que se merece.

d. Con esta idea está de acuerdo el gigante tecnológico Google, que reconoce el gran mérito de la artista e invierte en la difusión de sus obras.

e. Incluso su marido, Diego Rivera, ha sido eclipsado por ella y sigue emocionando al público.

Texto 2

MÓVILES EN LAS AULAS

España ha seguido los pasos de Francia y ha prohibido los móviles en los centros educativos. Este tipo de decisiones siempre generan mucha polémica.

Francia empezó con la desconexión de los móviles. __1__ . Y al Ministerio de Educación de España esta medida no le pareció mal, ya que se veía como una cuestión interesante porque hay demasiados adolescentes adictos a la tecnología y es necesario que el tiempo escolar esté libre de esa adicción. Además, se reconoce la existencia de opiniones muy encontradas, pero la posición del Ministerio es esta: «__2__».

La Organización para la Cooperación y el Desarrollo Económicos está incluyendo en sus nuevos cuestionarios preguntas sobre la regulación del uso de los móviles dentro de la escuela. __3__ . Además, se sienten menos satisfechos con su vida, menos contentos con su centro educativo y suelen faltar más a clase.

En realidad, parece ser que pocos países acompañan a Francia en esta decisión, aunque algunos son más estrictos, como Singapur, y otros están analizando la medida, como Rusia. __4__ . Cataluña, por su parte, opina que la prohibición no es el camino: «Somos contrarios a dar la espalda a los avances tecnológicos», ha proclamado el consejero de Enseñanza.

(Adaptado de www.eldiariodelaeducacion.com)

a. En algunos casos, el móvil ayuda, pero si prohibirlo en los centros sirve para disminuir la adicción digital, merece la pena hacerlo.

b. Una ley nacional impide que los menores de 16 años usen sus móviles en sus centros educativos, ni en clases ni en el recreo.

c. Alemania también se ha decantado por la prohibición, pero lo más habitual es que sea el reglamento interno el que determine cómo se usan los *smartphones* en el entorno escolar.

d. En España hay un 22 % de adolescentes de 15 años usuarios de Internet que pasan más de seis horas al día conectados.

e. Los adolescentes españoles viven la tecnología de manera totalizadora y eso depende también del ejemplo de sus padres.

Tarea 1 | Tarea 2 | Tarea 3 | Tarea 4 | Tarea 5

Lea este texto en el que faltan doce palabras. Elija la opción correcta para cada caso.

SKREI: UNA AUTÉNTICA DELICIA

España es el principal __1__ de este exquisito bacalao que solo se pesca los primeros meses del año en el océano Ártico.

El skrei es un bacalao nómada que solo se pesca entre enero y abril. Su historia comienza cerca del Círculo Polar Ártico, en las costas de las islas Lofoten, donde nace. Allí el agua no es tan fría __2__ en el mar de Barents, donde después emigra y vive allí unos años. Cuando llega el momento de reproducirse, realiza un esfuerzo __3__ y nada más de mil kilómetros a contracorriente para desovar en la misma costa en la que nació. En dichas islas es donde se captura. El viaje tan largo que realiza este pescado salvaje hace __4__ su musculatura y que su carne sea blanca y jugosa. Es __5__ un pez atleta. Además, se nutre fundamentalmente de mariscos y eso se manifiesta en su sabor y en su carne jugosa.

Después de Noruega, España es el principal consumidor de este bacalao, que se puede encontrar en miles de puntos de venta y más de 400 restaurantes lo incluyen en sus cartas, __6__ es una delicia para el paladar. La demanda de este pescado sigue en aumento.

Los pesqueros noruegos tienen una estrategia: esperan a que los bacalaos lleguen casi al final del viaje y los sorprenden cerca de la costa con grandes redes, __7__ el trayecto en barco no supera los 90 minutos hasta llegar al punto de captura. Si logran esquivar a los pescadores, pueden vivir hasta los 20 años y superar los 50 kilos. La mayoría de los que caen en las redes __8__ los 10 kilos de peso y los cocineros españoles prefieren los más pequeños.

Normalmente, la pesca del skrei se realiza en pequeñas embarcaciones. Esto supone un problema cuando la previsión del tiempo es mala, ya que no pueden salir.

El skrei es una marca registrada y, __9__, debe cumplir con unos requisitos. Es un producto de temporada que en España ha tenido muy buena aceptación para __10__ fresco porque tiene una carne muy baja en grasa y un alto contenido en proteínas. __11__, su precio es bastante __12__: se compra a unos cinco euros el kilo y, en España, se vende en torno a nueve euros.

(Adaptado de www.elpais.com)

1. a. consumidor   b. comensal   c. cazador
2. a. que   b. como   c. tanto
3. a. titánico   b. magnífico   c. horroroso
4. a. aumente   b. aumentó   c. aumentar
5. a. encantado   b. pensado   c. considerado
6. a. ya que   b. aunque   c. pero
7. a. con el que   b. con lo cual   c. con el cual
8. a. estima   b. ronda   c. pesa
9. a. por lo tanto b. de ahí   c. en esta forma
10. a. su consumición b. su consumo   c. consumido
11. a. Es más   b. Adicionalmente   c. Además
12. a. razonable   b. considerable   c. impresionante

Examen 3

PRUEBA 2

Comprensión auditiva

Número de tareas: 6 ■ Tiempo: 55 minutos

| Tarea 1 | Tarea 2 | Tarea 3 | Tarea 4 | Tarea 5 | Tarea 6 |

Usted va a escuchar un diálogo entre Cristina y su padre. Lea las cinco oraciones y elija la opción correcta para cada hueco.

> Va a escuchar la conversación dos veces.
> Tiene 30 segundos para leer las oraciones.

a. papá | b. lecciones | c. inglesa | d. simpático | e. profesores | f. biblioteca | g. japonesa
h. escuela | i. sociable | j. pesado | k. librería | l. amigo | m. compañeros | n. ruido | ñ. deberes

1. Hoy es el primer día de _____.
2. Cristina tiene nuevos _____.
3. Emiko es _____.
4. A John le gusta estudiar en la _____.
5. Para Cristina, Andrés no es _____.

| Tarea 1 | **Tarea 2** | Tarea 3 | Tarea 4 | Tarea 5 | Tarea 6 |

Usted va a escuchar cinco anuncios. Elija la opción correcta.

> Va a escuchar los anuncios dos veces.
> Tiene 30 segundos para leer las preguntas.

Anuncio 1. **Los vendedores promueven un curso...**
- a. de hostelería.
- b. de cocinero profesional.
- c. para empresas y centros de trabajo.

Anuncio 2. **Esta empresa se encarga de...**
- a. ayudarte a vender tu casa.
- b. sacarte fotos.
- c. publicar en línea tu vivienda.

Anuncio 3. **La Administración de la Seguridad Social afirma que...**
- a. mudarse al extranjero es una práctica común.
- b. hay que ir al extranjero para vivir mejor.
- c. muchas personas que viven en el extranjero reciben fondos.

Anuncio 4. **AIM propone cursos...**
- a. de idiomas de varios tipos.
- b. intensivos en seis lenguas.
- c. en centros de idiomas internacionales.

Anuncio 5. **Los promotores animan a los clientes a...**
- a. usar las redes sociales.
- b. invertir en tecnología.
- c. comprar productos tecnológicos.

COMPRENSIÓN AUDITIVA

Tarea 1 | Tarea 2 | Tarea 3 | Tarea 4 | Tarea 5 | Tarea 6

Usted va a escuchar a ocho personas hablando de la vida nocturna de su ciudad. Elija la oración que corresponde a cada persona.

> Va a escuchar a cada persona dos veces.
> Tiene 30 segundos para leer las oraciones.

a. Bilbao no es el mejor lugar donde vivir si eres joven.
b. Por la calle puedes asistir a algunos espectáculos.
c. Allí se encuentra uno de los bares principales con música y postres.
d. Dice que es una ciudad con mucha movida.
e. Por el paseo principal se puede escuchar música comercial.
f. Su pueblo no cuenta con una movida muy atractiva.
g. En su pueblo no hay muchos jóvenes.
h. Aquí en las calles hay mucha gente.
i. Afirma que en esta ciudad se aburre mucho.
j. Hay discotecas por todas partes.
k. Dice que desde que se mudó está bien en la ciudad.

Persona 1: ____

Persona 2: ____

Persona 3: ____

Persona 4: ____

Persona 5: ____

Persona 6: ____

Persona 7: ____

Persona 8: ____

| Tarea 1 | Tarea 2 | Tarea 3 | **Tarea 4** | Tarea 5 | Tarea 6 |

Usted va a escuchar una entrevista a James Quincey, presidente y director de Coca-Cola, sobre el rendimiento de la compañía. Elija la opción correcta.

> Va a escuchar la entrevista dos veces.
> Tiene 45 segundos para leer las preguntas.

1. Los resultados del último trimestre han sido buenos gracias...
   a. al éxito de las fórmulas con bajo contenido de azúcar o sin azúcar.
   b. solo a la venta de Coca-Cola Zero Sugar.
   c. a la introducción de nuevas bebidas gaseosas.

2. Se han destacado óptimos resultados en...
   a. Venezuela.
   b. Argentina.
   c. Norteamérica.

3. Una estrategia adoptada por la industria de Coca-Cola para mejorar su rendimiento ha sido...
   a. invertir en países desarrollados.
   b. buscar la calidad más que la cantidad.
   c. establecer contactos con países menos desarrollados.

4. El crecimiento de la industria de Coca-Cola se ve amenazado por...
   a. las industrias europeas como primeras competidoras.
   b. industrias débiles como las de Brasil.
   c. el fuerte incremento de los impuestos.

5. La industria de Coca-Cola establece un buen vínculo de confianza con su público gracias a...
   a. una cultura más rápida y tolerante al riesgo.
   b. la estimulación de la curiosidad.
   c. métodos persuasivos.

6. El hecho de crear un nuevo modelo operativo austero significa...
   a. establecer un programa de crecimiento corporativo eficaz y bien organizado.
   b. tomar en serio las decisiones operativas de Coca-Cola.
   c. presentar una estrategia de crecimiento rápida ya consolidada.

7. La industria de Coca-Cola promueve la reducción de azúcar...
   a. gracias a nuevas botellas que no pueden contener azúcar.
   b. lanzando nuevas fórmulas más saludables y cambiando los envases.
   c. introduciendo nuevas bebidas no gaseosas.

8. El objetivo de Coca-Cola sobre la reducción de azúcar es trabajar en...
   a. la ampliación de envases más pequeños.
   b. la promoción de bebidas que contengan azúcar más saludable.
   c. el crecimiento de nuevos productos con menos azúcar.

COMPRENSIÓN AUDITIVA

Tarea 1 | Tarea 2 | Tarea 3 | Tarea 4 | Tarea 5 | Tarea 6

Usted va a escuchar seis fragmentos de una conferencia de Rafael Yanes Mesa sobre la rueda de prensa titulada *La rueda de prensa como género de la comunicación política*. Elija para cada fragmento la opción correcta.

> Va a escuchar los fragmentos de la conferencia dos veces.
> Tiene 45 segundos para leer las opciones.

Fragmento 1:
 a. La rueda de prensa es el instrumento que sirve para convencer al público.
 b. La rueda de prensa es el método que los periodistas utilizan para la divulgación de noticias.
 c. La rueda de prensa es un instrumento eficaz para difundir las ideas de un político.

Fragmento 2:
 a. El verdadero destinatario de la rueda de prensa es el periodista.
 b. La información de la rueda de prensa debe ser directa para el público.
 c. Con la nota de prensa los políticos se acercan al ciudadano.

Fragmento 3:
 a. El mensaje político se difunde tanto por medios audiovisuales como por medios escritos.
 b. La información principal se difunde por medios escritos.
 c. La radio y la televisión son los medios exclusivos de la comunicación política.

Fragmento 4:
 a. El género periodístico de la rueda de prensa ofrece información consolidada.
 b. El comunicador político debe planificar todo para que sea transmitido el aspecto informacional que le interesa.
 c. Un buen titular siempre encierra un mensaje claro y conocido.

Fragmento 5:
 a. Tal vez no es necesario mencionar los antecedentes de lo ocurrido.
 b. Los titulares originales engañan a los periodistas.
 c. Del titular depende gran parte del contenido de la rueda de prensa y de su éxito.

Fragmento 6:
 a. La rueda de prensa es útil para todo tipo de divulgación política.
 b. Es fundamental que la rueda de prensa logre su objetivo.
 c. Lo más importante es que los periodistas acudan a la rueda de prensa.

Tarea 1 | Tarea 2 | Tarea 3 | Tarea 4 | Tarea 5 | **Tarea 6**

Usted va a escuchar la conferencia de Gabriel García Márquez contra la ortografía complicada del español. Elija las seis opciones que corresponden a esta conferencia.

> Va a escuchar la conferencia dos veces.
> Tiene 50 segundos para leer las opciones.

a. Gabriel García Márquez opina que sería mejor simplificar la gramática del español.

b. Los mayas también daban importancia a las palabras.

c. Tenemos que encerrar la lengua en vínculos gramaticales.

d. La palabra *condoliente* se ha inventado y se explica por sí misma.

e. Hoy en día los idiomas se alejan de sus orígenes para mezclarse en un lenguaje global.

f. La lengua española ya está lista para las transformaciones del nuevo milenio.

g. Algunas palabras poseen numerosos significados, y otras no existen.

h. Es fácil orientarse en la Babel lingüística moderna.

i. Tenemos que seleccionar los neologismos técnicos y rechazar los aportes de las lenguas indígenas.

j. Debemos liberar la lengua de ataduras académicas.

k. El subjuntivo tendría que ser valorizado más por sus esdrújulas.

l. La imagen está desplazando la palabra.

Examen 3

PRUEBA 3

Expresión e interacción escritas

Número de tareas: 2 ■ Tiempo: 50 minutos

| Tarea 1 | Tarea 2 |

Lea un mensaje que una chica ha dejado en un foro y conteste.

> **En su respuesta debe:**
> - saludar;
> - proponer una película;
> - contar el argumento;
> - decir si le ha gustado y si la aconseja o no y por qué;
> - despedirse.

> **Número de palabras recomendado: entre 100 y 150.**

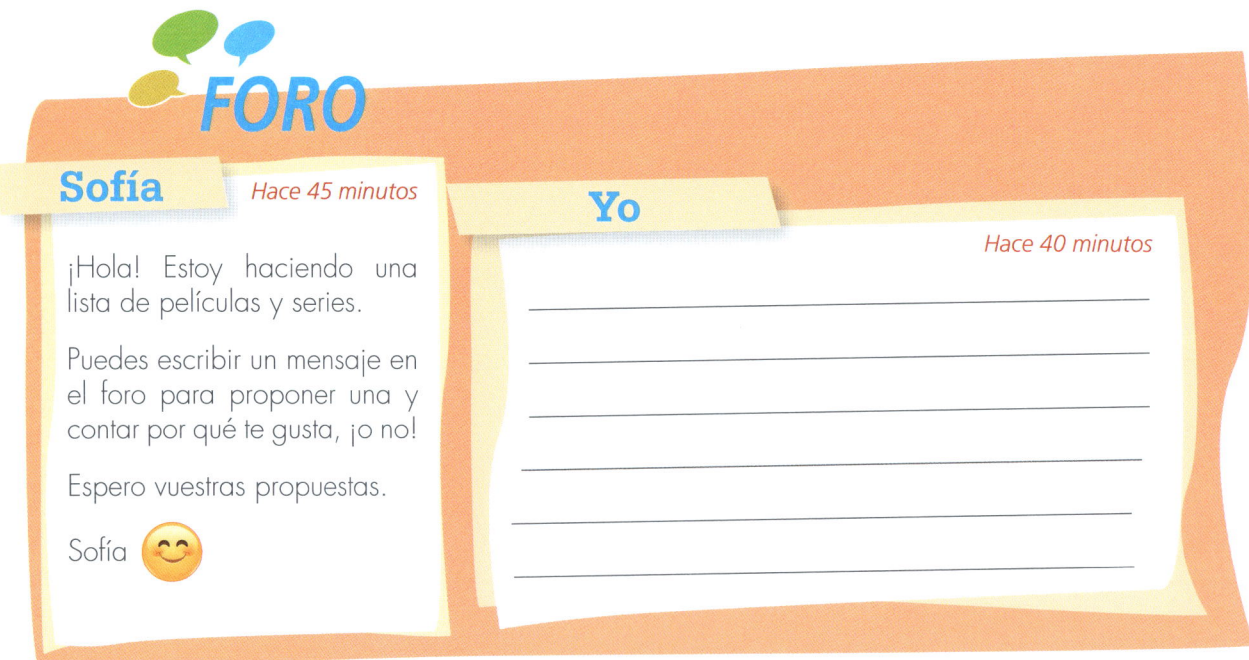

FORO

Sofía — *Hace 45 minutos*

¡Hola! Estoy haciendo una lista de películas y series.

Puedes escribir un mensaje en el foro para proponer una y contar por qué te gusta, ¡o no!

Espero vuestras propuestas.

Sofía 😊

Yo — *Hace 40 minutos*

| Tarea 1 | Tarea 2 |

Elija el tipo de texto y el tema sobre el que va a escribir. Si no elige dentro de un minuto, el sistema va a elegir una opción de forma aleatoria.

> **Elija una de las dos opciones que se le ofrecen a continuación.**
  Opción 1: Escribir un texto de opinión: *Votar o no votar*
  Opción 2: Escribir una carta a un periódico: *Los animales en el zoo*

> **Número de palabras recomendado: entre 250 y 300.**

OPCIÓN 1: Escribir un texto de opinión

Lea la siguiente noticia y escriba un texto de opinión para un periódico local sobre el tema del voto. Tiene que:

- exponer el tema;
- dar su opinión;
- presentar argumentos a favor o en contra;
- concluir.

VOTAR O NO VOTAR

¿El voto es un derecho o una obligación? Esta es la discusión entre Tomás Chuaqui, que afirma: «La participación electoral obligatoria es una defensa», y Lucas de Sierra, que declara: «El voto como derecho: una cuestión de principios». Las argumentaciones de ambos son muy complejas e interesantes, pero las dos son demasiado filosóficas.

Tarea 1 | Tarea 2

OPCIÓN 2: Escribir una carta a un periódico

Usted es un miembro de una asociación animalista y está preocupado por las condiciones de los animales en los zoos. Lea esta noticia y escriba una carta al periódico *La vida hoy* en la que exprese:

- los motivos de su preocupación;
- las condiciones que tienen los animales;
- algunas soluciones para esta situación;
- una conclusión.

LOS ANIMALES EN EL ZOO

Aunque cuidan de los animales, los zoológicos son más bien *colecciones* de animales interesantes: no son hogares para ellos. En el zoo se intenta recrear el hábitat en el que viven para garantizar su bienestar, pero en realidad son *cárceles*, ya que los animales no pueden correr, volar o rodearse de otros animales como lo harían si estuvieran en libertad.

Examen 3

PRUEBA 4

Expresión e interacción orales

Número de tareas: 5 ■ Tiempo: de 15 a 20 minutos

| Tarea 1 | Tarea 2 | Tarea 3 | Tarea 4 | Tarea 5 |

 7

Conteste a cuatro preguntas de carácter personal. Pulse en *Escucha* para escuchar cada pregunta y, después, pulse en *Grabar* para responder.

> Tiene 15 segundos para grabar cada respuesta de las preguntas 1 y 2.
> Tiene 30 segundos para grabar cada respuesta de las preguntas 3 y 4.

| Tarea 1 | Tarea 2 | Tarea 3 | Tarea 4 | Tarea 5 |

Elija en 30 segundos una de las siguientes fotografías para describir lo que ve en ella.

OPCIÓN 1

OPCIÓN 2

> Tiene dos minutos para preparar la tarea.
> Después, grabe su respuesta. Tiene de uno a dos minutos para realizarla.

EXPRESIÓN E INTERACCIÓN ORALES

OPCIÓN 1

OPCIÓN 2

> **Describa la fotografía y conteste a las preguntas:**
- ¿Cuántas personas hay?
- ¿Qué relación cree que existe entre ellas?
- Describa a esas personas: ¿cómo son?, ¿qué ropa llevan?
- ¿Dónde están?
- ¿Qué objetos hay en las imágenes, cómo son y dónde están?

PRUEBA 4

Tarea 1 | Tarea 2 | **Tarea 3** | Tarea 4 | Tarea 5

BLOQUE 1

Elija en 30 segundos una de las siguientes situaciones y grabe su respuesta.
Situación 1: Invitar a una persona a cenar
Situación 2: Pedir consejo para hacer un regalo

SITUACIÓN 1: Invitar a una persona a cenar

Usted quiere invitar a la persona que le gusta a cenar. Usted debe:
- decir por qué ha decidido organizar la cita;
- invitarle a cenar y decirle el lugar la cita;
- despedirse y proponer un día y hora.

> Tiene 20 segundos para pulsar *Grabar*. Si no lo hace, la grabadora se iniciará automáticamente.
> Tiene un minuto y medio para realizar la tarea.

SITUACIÓN 2: Pedir consejo para hacer un regalo

Usted quiere hacer un regalo a su prima Marta por su cumpleaños y llama a un familiar para pedir consejo. Usted debe:
- explicar que quiere hacer un regalo a su prima Marta;
- preguntar qué le gusta y proponer un regalo;
- dar las gracias por el consejo y despedirse.

> Tiene 20 segundos para pulsar *Grabar*. Si no lo hace, la grabadora se iniciará automáticamente.
> Tiene un minuto y medio para realizar la tarea.

EXPRESIÓN E INTERACCIÓN ORALES

BLOQUE 2

Elija en 30 segundos una de las siguientes situaciones y grabe su respuesta.
   Situación 1: Responder a una oferta de trabajo
   Situación 2: Cerrar su cuenta en el banco

SITUACIÓN 1: Responder a una oferta de trabajo

Usted ha visto una oferta como camarero en un restaurante cerca de su casa y quiere proponerse como candidato. Usted debe:
  • decir por qué está interesado en la oferta;
  • explicar por qué es un buen candidato;
  • ofrecerse para enviar su currículum y proporcionar más información.

> **Tiene 20 segundos para pulsar *Grabar*. Si no lo hace, la grabadora se iniciará automáticamente.**
> **Tiene un minuto y medio para realizar la tarea.**

SITUACIÓN 2: Cerrar su cuenta en el banco

Usted quiere cambiar de banco porque no está contento con el servicio y está interesado en una oferta mejor. Usted debe:
  • decir que quiere cerrar su cuenta y por qué;
  • explicar que ha encontrado otra solución;
  • preguntar cómo es el proceso y cómo funciona.

> **Tiene 20 segundos para pulsar *Grabar*. Si no lo hace, la grabadora se iniciará automáticamente.**
> **Tiene un minuto y medio para realizar la tarea.**

PRUEBA 4

Tarea 1 | Tarea 2 | Tarea 3 | Tarea 4 | Tarea 5

Elija en 30 segundos uno de los siguientes temas para hablar sobre él en las tareas 4 y 5.
  Opción 1: La comida basura
  Opción 2: La contaminación lumínica

A continuación, lea el texto. Después, pulse *Escucha* para escuchar cada pregunta y grabe su respuesta.

> Tiene usted un minuto para responder cada pregunta.

OPCIÓN 1

LA COMIDA BASURA

El término *comida basura* se utiliza para referirse a comida de bajo valor nutricional, pero con un alto aporte calórico. Esta comida se caracteriza por tener gran cantidad de grasas, azúcares o sal. Muchas personas evitan y limitan el consumo de este tipo de comida en su dieta porque es muy poco saludable y perjudica la salud. Los médicos y nutricionistas intentan que la población tenga una dieta equilibrada y variada. Vender comida basura es muy lucrativo, ya que genera muchos ingresos: se fabrica con productos de bajo coste y de larga duración. De esta forma, es más fácil el abastecimiento y almacenamiento.

OPCIÓN 2

LA CONTAMINACIÓN LUMÍNICA

La contaminación lumínica es el resplandor de luz que se produce en el cielo nocturno por el uso de luces inadecuadas y/o por el exceso de iluminación. Una mala iluminación callejera se produce cuando se envía la luz de forma directa hacia el cielo, en lugar de iluminar el suelo. Se puede dividir en tres partes la forma en que la luz artificial es enviada hacia el cielo: directa, por reflexión en las superficies iluminadas y por refracción en las partículas del aire. No se puede eliminar su impacto completamente, pero puede reducirse distanciando las fuentes de iluminación y reduciendo el nivel a ciertas horas de la noche.

EXPRESIÓN E INTERACCIÓN ORALES

Tarea 1 | Tarea 2 | Tarea 3 | Tarea 4 | Tarea 5

Si en la tarea 4 usted ha elegido el tema de *La comida basura,* seleccione una de las dos opciones. Después, tiene dos minutos para preparar una argumentación a favor o en contra de la opción elegida.

OPCIÓN 1
Cada uno tiene derecho a comer lo que quiera: no se deben eliminar estos productos de la dieta.

OPCIÓN 2
La comida basura debería eliminarse de la industria alimentaria porque es perjudicial para la salud.

Si en la tarea 4 usted ha elegido el tema de *La contaminación lumínica,* seleccione una de las dos opciones. Después, tiene dos minutos para preparar una argumentación a favor o en contra de la opción elegida.

OPCIÓN 1
La contaminación lumínica constituye un problema en nuestra sociedad e influye negativamente en el medio ambiente.

OPCIÓN 2
La contaminación lumínica no es peligrosa para el medio ambiente, es una situación que existe, pero no causa daños.

> No olvide:
- dar su opinión;
- justificar su opinión y exponer sus razones;
- decir algún ejemplo;
- concluir con argumentos.

> Tiene 30 segundos para elegir la opción. Grabe su respuesta. Tiene de tres a cuatro minutos para realizar la tarea.

Examen

4

Examen 4

PRUEBA 1

Comprensión de lectura

Número de tareas: 5 ■ Tiempo: 60 minutos

Tarea 1 | Tarea 2 | Tarea 3 | Tarea 4 | Tarea 5

Lea estos cinco textos breves. Elija la opción adecuada en cada caso.

Texto 1. BIM Travel

BIM TRAVEL

Somos una compañía aérea de Latinoamérica. ¡BIM Travel ofrece paquetes increíbles para disfrutar de tus próximas vacaciones! ¿Por qué no compras en línea productos BIM Travel para tener puntos? ¡No puedes perderte la oportunidad de conocer y vivir Colombia! Puedes viajar a Cartagena de Indias o comprar tu paquete de 5 días.

1. BIM Travel es...
   a. una aerolínea.
   b. un paquete turístico para ir a Colombia.
   c. un vuelo para Cartagena de Indias.

Texto 2. Música

Música con Tsidii Le Loka

Tsidii Le Loka ofrece un concierto el sábado en el Festival Internacional de *Jazz* de Toledo. En el concierto canta canciones de Miriam Makeba, una importante cantante sudafricana. Le Loka une su origen africano con la música latina, canta las canciones de Miriam Makeba con el estilo de la música afrocubana.

2. Miriam Makeba es una...
   a. cantante sudafricana.
   b. afrocubana con canciones africanas.
   c. cantante de música afrocubana.

Texto 3. Cómo ser mejor persona

MANUAL SOBRE CÓMO SER MEJOR PERSONA

Mi propuesta para ser mejor persona es preguntarte todas las noches: «¿Crees que eres una buena persona?». Si la respuesta es sí, puedes dormir tranquilo. Si la respuesta es no, debes preguntarte: «¿Por qué?». Para solucionar un problema primero hay que saber cuál es. Este no es un manual para obtener la felicidad o hacer cosas nuevas, solo es para analizar las cosas que haces y hacerlas de forma correcta.

3. El autor del texto...
   a. da consejos para ser felices.
   b. propone un método para mejorarnos.
   c. piensa que tenemos que hacer cosas nuevas.

Texto 4. Vacaciones

¡Hola, Pablo! Estoy en Dublín en casa de mis amigos Marie y Eamon. Me gusta mucho. ¡Irlanda es genial! El paisaje es muy bonito y todo es verde. El barrio donde viven está lejos y tomamos el autobús todos los días para ir al centro. Por las tardes salimos con otros amigos a pasear por la calle y lo pasamos muy bien. Me quedan solo dos días aquí, no tengo ganas de regresar.

Hasta pronto,

Tamara

4. En su correo, Tamara...
   a. se queja de sus vacaciones y de sus amigos.
   b. describe sus vacaciones y está contenta.
   c. dice que extraña su casa.

Texto 5. Cocineros

Cocineros en GRANADA

Buscamos cocineros para trabajar desde sus casas. Es muy sencillo, vendemos tus platos a nuestros clientes en nuestra web, tú recibes pedidos, preparas la comida y nosotros hacemos el reparto. No necesitas experiencia.

Para más información, visita: www.solococineros.com.

Importante: buscamos cocineros en Granada.

Es IMPRESCINDIBLE:
1. Poder cocinar de lunes a viernes hasta las 12:00
2. Vivir en Granada capital o Armilla.

5. Los autores del anuncio...
   a. necesitan cocineros para un restaurante en Granada.
   b. quieren cocineros expertos.
   c. tienen una empresa web de comida.

COMPRENSIÓN DE LECTURA

Tarea 1 | Tarea 2 | Tarea 3 | Tarea 4 | Tarea 5

Lea este correo que Carmen ha escrito a su amiga Ana. Elija la opción correcta en cada caso.

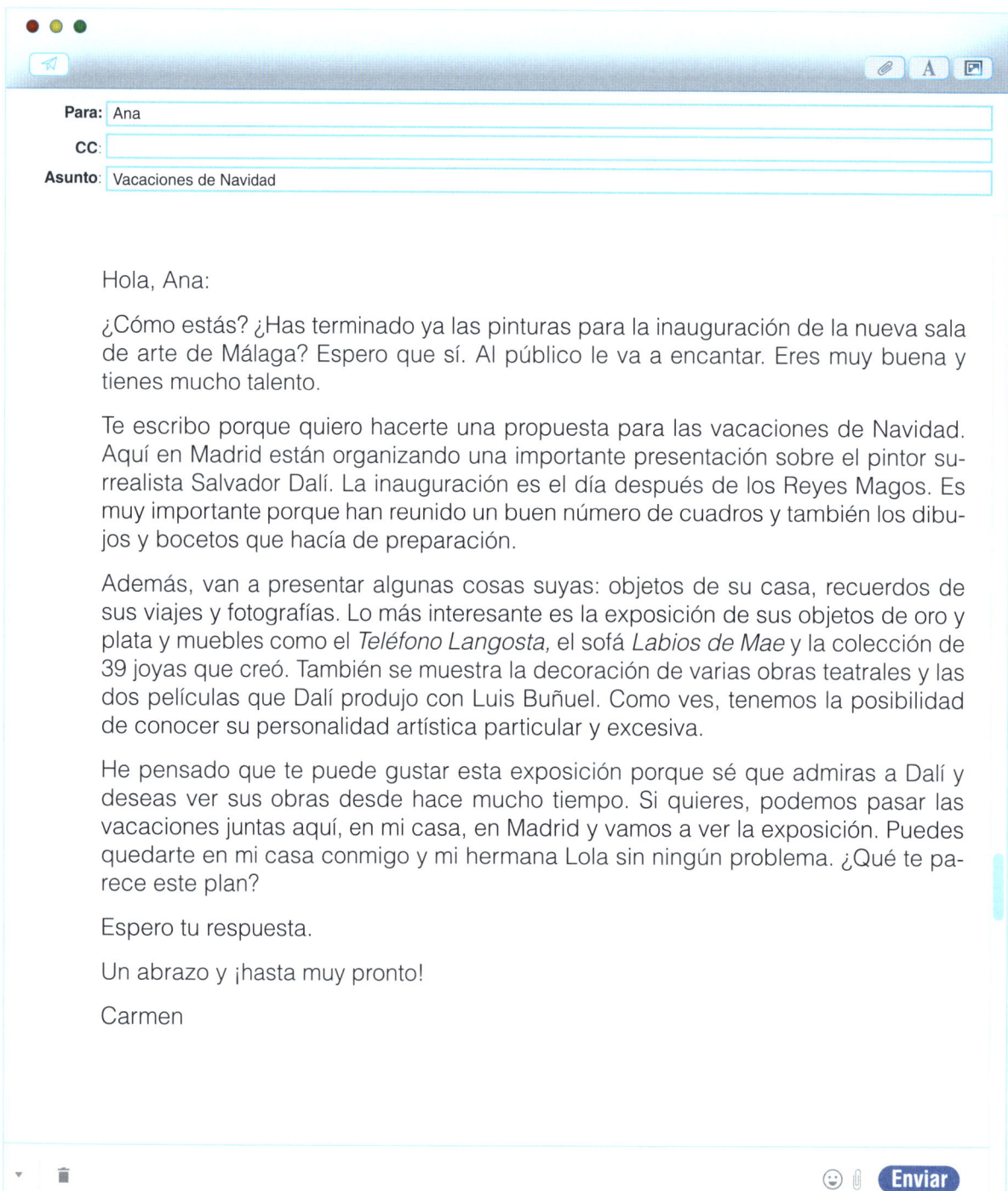

Para: Ana
CC:
Asunto: Vacaciones de Navidad

Hola, Ana:

¿Cómo estás? ¿Has terminado ya las pinturas para la inauguración de la nueva sala de arte de Málaga? Espero que sí. Al público le va a encantar. Eres muy buena y tienes mucho talento.

Te escribo porque quiero hacerte una propuesta para las vacaciones de Navidad. Aquí en Madrid están organizando una importante presentación sobre el pintor surrealista Salvador Dalí. La inauguración es el día después de los Reyes Magos. Es muy importante porque han reunido un buen número de cuadros y también los dibujos y bocetos que hacía de preparación.

Además, van a presentar algunas cosas suyas: objetos de su casa, recuerdos de sus viajes y fotografías. Lo más interesante es la exposición de sus objetos de oro y plata y muebles como el *Teléfono Langosta,* el sofá *Labios de Mae* y la colección de 39 joyas que creó. También se muestra la decoración de varias obras teatrales y las dos películas que Dalí produjo con Luis Buñuel. Como ves, tenemos la posibilidad de conocer su personalidad artística particular y excesiva.

He pensado que te puede gustar esta exposición porque sé que admiras a Dalí y deseas ver sus obras desde hace mucho tiempo. Si quieres, podemos pasar las vacaciones juntas aquí, en mi casa, en Madrid y vamos a ver la exposición. Puedes quedarte en mi casa conmigo y mi hermana Lola sin ningún problema. ¿Qué te parece este plan?

Espero tu respuesta.

Un abrazo y ¡hasta muy pronto!

Carmen

1. Con este correo, Carmen...
    a. explica lo que va a hacer para Navidad.
    b. dice que le gusta mucho Dalí.
    c. propone a su amiga Ana ir juntas a ver la exposición.

2. En Madrid...
    a. se está organizando una presentación importante.
    b. van a proyectar las películas de Dalí.
    c. van a vender los objetos de Dalí.

3. En la presentación se van a mostrar...
    a. solo los cuadros más importantes del artista.
    b. muchos objetos y obras artísticas de Dalí.
    c. solo cuadros y dibujos preparatorios.

4. Van a inaugurar la presentación...
    a. en verano.
    b. en Navidad.
    c. después del día de Reyes.

5. Ana puede estar en...
    a. casa de Carmen y de su hermana.
    b. un hotel cerca del lugar de la exposición.
    c. casa de algunos amigos de Carmen.

COMPRENSIÓN DE LECTURA

Tarea 1 | Tarea 2 | Tarea 3 | Tarea 4 | Tarea 5

Lea estos tres textos sobre tres ofertas de viajes en grupos pequeños. Elija la opción correcta para cada pregunta.

AUSTRALIA

¿Qué es lo que hace única a Australia? ¿Los animales, sus paisajes, sus ciudades? Esta ruta de 19 días en Australia en grupos pequeños te permitirá encontrar la respuesta.

Por un lado, te ofrecemos la experiencia de adentrarte en los territorios del interior australiano para descubrir el sagrado Monte Uluru y para conocer la cultura aborigen y salvaje de Australia. Por otro lado, podrás sumergirte en las aguas de la Gran Barrera de Coral y observar su espectacular vida subacuática. Por último, podrás visitar dos ciudades que te conquistarán por su modernidad y dinamismo: Melbourne y Sídney. ¡Te esperamos, no querrás volver a casa!

UGANDA

Un viaje en grupo de 12 personas como máximo a Uganda. Disfruta durante 14 días en la Perla de África. Es menos famosa que Kenia o Tanzania, pero igualmente hermosa y maravillosa. Además, gracias al creciente turismo y a la buena gestión de los recursos naturales en las zonas protegidas, su población de gorilas está en aumento.

Pero, además, Uganda ofrece mucho más: también aquí se pueden encontrar los grandes lagos del centro de África y las míticas Montañas de la Luna de Ptolomeo e incluso etnias que mantienen sus costumbres. ¡Es una oportunidad única!

CAMBOYA

Un fantástico viaje de 14 días de aventura y realidad para familiarizarnos con la historia de la cultura camboyana. Una experiencia única para los aventureros que quieren conocer y disfrutar de la auténtica Camboya a fondo. Una ruta que nos llevará a los impresionantes templos de Angkor y de Tuk Tuk, donde podremos conocer también la historia del país; nos acercará a la vida en remotas aldeas rurales y pueblos flotantes con un recorrido que atraviesa montaña, jungla y costa. Nos va a acompañar siempre nuestro guía local experto. Al final de cada jornada podremos descansar en unos cómodos alojamientos.

1. ¿Cuál de los tres viajes tiene un número máximo de personas que pueden participar?
    a. Australia.
    b. Uganda.
    c. Camboya.

2. ¿Qué destino recibe cada vez más turistas?
    a. Australia.
    b. Uganda.
    c. Camboya.

3. ¿En qué destino turístico podemos aprender la historia de su cultura?
    a. Australia.
    b. Uganda.
    c. Camboya.

4. ¿Dónde hay lugares remotos y pueblos flotantes?
    a. Australia.
    b. Uganda.
    c. Camboya.

5. ¿En qué lugar se puede ver fauna terrestre y marina y ciudades modernas?
    a. Australia.
    b. Uganda.
    c. Camboya.

6. ¿Cuál de los tres viajes nos acerca a los aborígenes?
    a. Australia.
    b. Uganda.
    c. Camboya.

7. ¿Qué viaje dura 19 días?
    a. Australia.
    b. Uganda.
    c. Camboya.

8. ¿En cuál de los viajes el recorrido se desarrolla en tres lugares naturales diferentes?
    a. Australia.
    b. Uganda.
    c. Camboya.

COMPRENSIÓN DE LECTURA

Tarea 1 | Tarea 2 | Tarea 3 | **Tarea 4** | Tarea 5

Lea estos dos textos. En cada uno faltan cuatro fragmentos. Elija el correcto en cada caso. Sobra uno.

Texto 1 — LA IMPORTANCIA DE LA ACTIVIDAD FÍSICA EN LOS JÓVENES

Para la Organización Mundial de la Salud la actividad física son «juegos, deportes, desplazamientos, actividades recreativas, educación física o ejercicios programados, en el contexto de la familia, la escuela o las actividades comunitarias». ___1___ . Estos son los beneficios principales que destaca la OMS para la salud:

– Desarrolla un aparato locomotor (huesos, músculos y articulaciones) sano.

– Mejora el sistema cardiovascular (corazón y pulmones).

– ___2___ .

Actualmente, el sobrepeso en los jóvenes ha aumentado, en parte por la inactividad, ya que se ha cambiado el tipo de juegos *activos*, como el pilla pilla y el juego del pañuelo, por las consolas o actividades sedentarias. ___3___ .

Se recomiendan dos pautas a cualquier familia con hijos: «Lo más importante es que practiquen un deporte que les guste y, a ser posible, ___4___ ». Lo más importante es «dejar decidir al niño qué deporte quiere practicar y, si quiere cambiar cada cierto tiempo, que pueda hacerlo. No castigar al niño nunca sin hacer deporte —porque el ejercicio le ayuda a relajarse y a estar mejor— y, sobre todo, no castigar al niño poniéndolo a hacer deporte».

En conclusión, lo importante es que se muevan, que realicen cualquier actividad física, ya que según los datos recientemente publicados, tan solo el 36,4 % de la población infantil en nuestro país cumple con las recomendaciones de la OMS de una hora de actividad física al día.

(Adaptado de www.elpais.com)

a. Tienen que ser actividades diarias de una hora de duración de intensidad moderada o alta y los beneficios serán mayores si se practica deporte más de este tiempo.

b. «Se ha demostrado que practicar un deporte genera conexiones neuronales y aumenta la inteligencia».

c. Estas actividades, como la pintura o la lectura, hacen que se desarrolle su creatividad e imaginación, pero con las clases ya serán suficientes horas de estar parados, concentrados en una actividad más tranquila.

d. Ayuda a mantener un peso corporal saludable.

e. que prueben uno colectivo y uno individual, porque cada uno aporta valores distintos, pero muy necesarios.

Texto 2

LA MITOLOGÍA EN LA CIENCIA

Durante siglos el hombre ha intentado poner orden en la naturaleza, es decir, clasificarla en diferentes grupos, ha sido la labor de personas escrupulosas como Aristóteles o Carlos Linneo, que consiguió hacer de la clasificación biológica una ciencia que se conoce como taxonomía.

____1____. Linneo lo hizo simplificando la nomenclatura y le dio al nombre dos partes. Con la nomenclatura binomial, la de dos palabras, Linneo logró demostrar que clasificar es comprimir. Sin duda alguna, la intuición de Linneo era la de un poeta, tal y como se refirió a él su conciudadano, el dramaturgo sueco August Strindberg, que vivió de 1849 a 1912. «Linneo era en realidad un poeta que se convirtió en naturalista».

Nombrar las cosas es el primer paso para comprenderlas. En épocas más antiguas, antes de Linneo y antes de Aristóteles, conocer el nombre de otra persona daba poder sobre ella. ____2____.

Los mitos son útiles para la ciencia cuando se trata de dar un nombre a los descubrimientos biológicos. ____3____. Once años después se descubrió que la causa de tal anormalidad era debida a una planta tóxica que los animales consumían al alimentarse. La planta tenía nombre y apellidos, el binomio formado por *Veratrum Californicum*, y esta planta tóxica sería bautizada con un nombre de resonancias mitológicas: Ciclopamina. ____4____. No debemos olvidar que la fábula es lo real modificado por la imaginación, y esta es la consecuencia de la naturaleza.

(Adaptado de www.elpais.com)

a. Sin ir más lejos, en el relato de Homero, la verdadera odisea empieza para Ulises cuando consigue escapar del cíclope Polifemo y, cuando está a salvo, presume de sus logros, gritando su propio nombre: «Ulises de Ítaca, el saqueador de ciudades, el vencedor de Troya».

b. En 1735, Carlos Linneo publicó su sistema natural de clasificación de los tres reinos de la naturaleza.

c. Una vez más, resulta curioso comprobar cómo la ciencia y la mitología no son complementarias.

d. Sirva como ejemplo lo que ocurrió a mediados de los años 50 del siglo pasado, en Idaho, cuando los granjeros se asombraron ante el creciente nacimiento de ovejas con un único ojo, una malformación cromosómica que se conoce como *ciclopía*, en referencia al cíclope Polifemo.

e. De esta manera, dando nombre así a la sustancia, se recuerda a la criatura mitológica que encerró a Ulises.

COMPRENSIÓN DE LECTURA

Tarea 1 | Tarea 2 | Tarea 3 | Tarea 4 | **Tarea 5**

Lea este texto en el que faltan doce palabras. Elija la opción correcta para cada caso.

LA INMUNOTERAPIA PARA TRATAR LA INSUFICIENCIA CARDIACA

Un estudio demuestra que las células inmunes modificadas usadas para combatir el cáncer se pueden usar también para ayudar a pacientes con insuficiencia cardiaca. Esto es un hallazgo realmente importante en la medicina.

El tratamiento es un tipo de inmunoterapia conocida como CAR-T, __1__ ha demostrado que cambia la vida de algunos pacientes con leucemia. Los linfocitos diseñados (linfocitos T) con este tratamiento se encargan de buscar y destruir células __2__ en el cuerpo.

En este nuevo estudio se utilizó la tecnología para atacar el tejido cicatrizado que endurece el corazón y evita que se relaje por completo entre latidos en pacientes que tienen insuficiencia cardiaca.

__3__ los buenos resultados, algunos pacientes que reciben esta terapia presentan efectos secundarios graves e incluso mortales, como fiebres muy altas, presión sanguínea demasiado baja y secuelas en el cerebro.

En realidad, utilizar la terapia CAR-T para tratar la insuficiencia cardiaca es una idea muy inteligente. __4__, no es conveniente hacerlo actualmente debido a dos factores: el elevado precio de esta terapia y los efectos secundarios.

Cuando hay insuficiencia cardiaca, las paredes de los ventrículos, las dos grandes cámaras de bombeo, se endurecen y pueden crecer, evitando que el corazón __5__ la sangre de manera eficiente por todo el cuerpo. __6__ puede derivar en muchas enfermedades, como infartos y presión alta.

La idea del estudio surgió con un estudiante que se preguntó: «¿Por qué no podemos crear una terapia CAR-T para __7__ el tejido cicatricial en el corazón?». Él sabía cómo funciona la terapia CAR-T con el cáncer. Los linfocitos T del sistema inmunitario están recorriendo el cuerpo constantemente, en busca de células __8__ a las que puedan adherirse y matar. En ocasiones, los linfocitos T no reconocen las células cancerígenas, pero los investigadores han hallado una manera de resolverlo.

__9__ muchos pacientes responden a la terapia con medicamentos, __10__ que __11__ insuficiencia cardiaca con problemas de salud particulares tienen muy pocas opciones de tratamiento. La mitad muere __12__ cinco años, un índice de mortalidad comparable con el de algunos cánceres metastásicos.

Además, la insuficiencia cardiaca es un problema particular de las personas con problemas de pérdida de músculo y es una parte de la enfermedad que limita la vida en gran medida.

(Adaptado de www.nytimes.com)

1. a. lo que   b. que   c. el que
2. a. malignas   b. malas   c. nocivas
3. a. Debido a   b. A pesar de   c. Además
4. a. Por   b. Por otro lado c. Sin embargo
5. a. bombee   b. de bombear   c. bombea
6. a. Ese   b. Eso   c. Esta
7. a. liberar   b. eliminar   c. quitar
8. a. solitarias   b. solas   c. únicas
9. a. Ya que   b. Por lo tanto   c. Aunque
10. a. quienquiera   b. esos   c. aquellos
11. a. padecen   b. sufren   c. sienten
12. a. al cabo de   b. al final de   c. al principio de

Examen 4

PRUEBA 2

Comprensión auditiva

Número de tareas: 6 ■ Tiempo: 55 minutos

Tarea 1 | Tarea 2 | Tarea 3 | Tarea 4 | Tarea 5 | Tarea 6    1

Usted va a escuchar un diálogo entre dos amigos: Miguel e Isabel. Lea las cinco oraciones y elija la opción correcta para cada hueco.

> Va a escuchar la conversación dos veces.
> Tiene 30 segundos para leer las oraciones.

a. Leganés | b. contento | c. cansado | d. curso | e. hijo | f. una ciudad | g. casado | h. Madrid
i. jardín | j. examen | k. chalé | l. trabajo | m. televisor | n. mes | ñ. juego

1. Miguel está _____.
2. A Isabel le falta solamente un _____.
3. La novia de Miguel espera un _____.
4. La nueva casa está en _____.
5. En la nueva casa hay un _____.

Tarea 1 | Tarea 2 | Tarea 3 | Tarea 4 | Tarea 5 | Tarea 6

Usted va a escuchar cinco anuncios. Elija la opción correcta.

> Va a escuchar los anuncios dos veces.
> Tiene 30 segundos para leer las preguntas.

Anuncio 1. El anuncio propone...
   a. clases de cualquier estilo de baile para bodas.
   b. bailes de grupo para una boda divertida y espectacular.
   c. clases de baile gratuitas.

Anuncio 2. El centro canino se encarga de...
   a. ofrecer perritos que ya han recibido todos los tratamientos.
   b. buscar hogar para perros que están en la calle.
   c. poner en contacto a clientes con vendedores de perros.

Anuncio 3. En el piso del anuncio...
   a. no hay muebles.
   b. no hay ascensor.
   c. hay tres habitaciones, dos baños, cocina y salón.

Anuncio 4. Los blogs de *El Planeta* ofrecen...
   a. noticias de Europa.
   b. opiniones y noticias sobre problemas actuales.
   c. opiniones de problemas estadounidenses.

Anuncio 5. El Club de comercio...
   a. ofrece solo una guía gratuita.
   b. organiza un curso con clases individuales.
   c. es solo para inversores expertos.

COMPRENSIÓN AUDITIVA

Tarea 1 | Tarea 2 | Tarea 3 | Tarea 4 | Tarea 5 | Tarea 6

Usted va a escuchar a ocho personas hablando de playas españolas. Elija la oración que corresponde a cada persona.

> Va a escuchar a cada persona dos veces.
> Tiene 30 segundos para leer las oraciones.

a. Tiene un tamaño de 140 metros.
b. Tiene ruinas romanas y dunas blancas.
c. Puedes practicar *snorkel*.
d. Hay muchos surfistas.
e. Tiene 10 kilómetros de costa.
f. Tiene pocos turistas.
g. No se aceptan naturistas.
h. Tiene aparcamiento.
i. Es casi desconocida.
j. Sus aguas son turquesas.
k. Hay una piedra vertical en medio del mar.

Persona 1: ___

Persona 2: ___

Persona 3: ___

Persona 4: ___

Persona 5: ___

Persona 6: ___

Persona 7: ___

Persona 8: ___

Tarea 1 | Tarea 2 | Tarea 3 | **Tarea 4** | Tarea 5 | Tarea 6

Usted va a escuchar una entrevista a Isabel Allende sobre sus libros. Elija la opción correcta.

> Va a escuchar la entrevista dos veces.
> Tiene 45 segundos para leer las preguntas.

1. Isabel Allende afirma que siente...
   a. miedo cuando comienza a escribir una novela.
   b. vértigo cuando publica un libro.
   c. miedo cuando una novela ya no le pertenece.

2. Publicar nuevas novelas no es un salto al vacío para Isabel porque...
   a. se ha esforzado al máximo.
   b. una vez terminadas ya no son suyas.
   c. depende del público.

3. *La casa de los espíritus*...
   a. es una carta de su abuelo.
   b. fue una novela que obtuvo mucho éxito.
   c. la escribió desde Chile.

4. Isabel empieza sus novelas el 8 de enero, ya que...
   a. es una fecha afortunada.
   b. es la fecha en la que siempre ha comenzado.
   c. es la fecha en la que murió su abuelo.

5. El trabajo de oficina de Isabel...
   a. es un trabajo silencioso.
   b. le permite desaparecer por completo.
   c. requiere su atención cotidianamente.

6. Isabel escribe sus libros...
   a. desde la oficina, encerrada.
   b. a partir del 8 de enero.
   c. de forma lenta, pero termina el 8 de enero.

7. Según Isabel Allende...
   a. sus lectores tienen vidas interesantes.
   b. los lectores quieren hablar de sus abuelas.
   c. el mundo está lleno de historias.

8. Las historias sobre las que escribe...
   a. deben estar relacionadas con su vida.
   b. deben unirla con las personas de las que habla.
   c. tienen que motivarla.

COMPRENSIÓN AUDITIVA

| Tarea 1 | Tarea 2 | Tarea 3 | Tarea 4 | **Tarea 5** | Tarea 6 |

Usted va a escuchar seis fragmentos de una conferencia de Juan Marichal en Harvard sobre las fronteras medievales y el *Cantar de mio Cid*. Elija para cada fragmento la opción correcta.

> Va a escuchar los fragmentos de la conferencia dos veces.
> Tiene 45 segundos para leer las opciones.

Fragmento 1:
  a. El pueblo castellano destaca por ser un perfecto ejemplo de pueblo acumulador.
  b. En la teoría de Strauss el único factor determinante es la voluntad humana.
  c. El pueblo castellano siempre ha sido un acumulador involuntario.

Fragmento 2:
  a. Los castillos fueron construidos contra el avance de los cristianos.
  b. El pueblo castellano está compuesto por hombres libres y de frontera.
  c. En Castilla predominaba el sistema del feudalismo medieval europeo.

Fragmento 3:
  a. Según un historiador francés, la épica procede de los cantos germánicos.
  b. Hoy se cree que la épica es hija exclusiva de la cultura monástica medieval.
  c. La épica española ha recibido más residuos de la tradición oral que la épica francesa.

Fragmento 4:
  a. En el *Cantar de Roldán* cuarenta años separan el texto de los hechos narrados.
  b. En la épica española y en la épica francesa hay siglos de distancia entre el texto y los hechos.
  c. En el *Cantar de mio Cid* el texto y los hechos narrados son casi de la misma época.

Fragmento 5:
  a. Los infanzones son caballeros ricos y nobles.
  b. El hombre castellano puede identificarse con el Cid.
  c. El Cid fracasa en su escalada por los niveles sociales.

Fragmento 6:
  a. El *Cantar de mio Cid* no permite identificación entre público y poema.
  b. Es un cantar de frontera y el símbolo de la fuerza creadora de la Castilla de los orígenes.
  c. El *Cantar de mio Cid* es un ciclo narrativo cerrado en sí mismo.

| Tarea 1 | Tarea 2 | Tarea 3 | Tarea 4 | Tarea 5 | **Tarea 6** |

Usted va a escuchar un fragmento de la conferencia del expresidente argentino sobre nuevas medidas económicas. Elija las seis opciones que corresponden a este discurso.

> Va a escuchar la conferencia dos veces.
> Tiene 50 segundos para leer las opciones.

a. El presidente no ha tomado ninguna medida de alivio.

b. El presidente presenta nuevas medidas para sostener económicamente a los trabajadores y a las familias.

c. Muchos argentinos han vuelto a votar al presidente en las votaciones del domingo.

d. Para muchas familias se ha vuelto difícil llegar a fin de mes.

e. No se da ayuda económica ni a los estudiantes ni a los monotributistas.

f. Todos los trabajadores, de cualquier categoría, recibirán pagas más altas.

g. Hay beneficios también para los desocupados.

h. El salario mínimo disminuirá para concederle un bono mensual extra a los empleados públicos.

i. El presidente valora mucho las pymes y quiere ayudarlas.

j. Las fuerzas armadas van a recibir un bono mensual de 15 euros.

k. El presidente culpa a su equipo de gobierno por la falta de diálogo.

l. El presidente está preocupado de que algunos argentinos no tengan más confianza en él.

Examen 4

PRUEBA 3

Expresión e interacción escritas

Número de tareas: 2 ■ Tiempo: 50 minutos

Tarea 1 | Tarea 2

Lea este correo que su amiga Inés le ha enviado y conteste.

> **En su respuesta debe:**
  - saludar;
  - proponer un libro;
  - decir qué cuenta la historia;
  - contar si le ha gustado, si lo aconseja y por qué;
  - despedirse.

> **Número de palabras recomendado: entre 100 y 150.**

Tarea 1 | **Tarea 2**

Elija el tipo de texto y el tema sobre el que va a escribir. Si no elige dentro de un minuto, el sistema va a elegir una opción de forma aleatoria.

> Elija una de las dos opciones que se le ofrecen a continuación.
> Opción 1: Escribir un texto de opinión: *Veganismo y niños*
> Opción 2: Escribir una carta a un periódico: *Cambio de los nombres de las calles*

> Número de palabras recomendado: entre 250 y 300.

OPCIÓN 1: Escribir un texto de opinión

Lea la siguiente noticia y escriba un texto de opinión para un periódico local sobre el tema de la dieta vegana para niños. Tiene que:

- exponer el tema;
- dar su opinión;
- presentar argumentos a favor o en contra;
- concluir.

VEGANISMO Y NIÑOS

Un nuevo debate médico surge sobre el veganismo en niños. ¿Pueden los niños seguir esa dieta sin que afecte a su salud? La mayoría de los organismos sanitarios afirma que una alimentación sin productos de origen animal es apropiada para todas las etapas de la vida, siempre que se haga con planificación e información.

Tarea 1 | Tarea 2

OPCIÓN 2: Escribir una carta a un periódico

Usted vive en Cáceres en una de las calles que cambiará de nombre. Lea esta noticia y escriba una carta al periódico *El mundo de hoy* en la que exprese:
- los motivos de su conformidad o inconformidad con la propuesta;
- qué ventajas e inconvenientes pueden generarse del cambio del nombre de las calles;
- proponer alternativas para lograr la igualdad de género;
- la respuesta que espera de las autoridades locales.

CAMBIO DE LOS NOMBRES DE LAS CALLES

En Cáceres solo 34 calles, de las 985, tienen nombre de mujer. La discriminación del sexo femenino en el callejero de la ciudad ha provocado el inicio de una lucha política y un partido político ha presentado una propuesta para cambiar los nombres de casi 200 vías dedicadas a ríos, países, ciudades o flores por los de personajes ilustres.

Examen 4

PRUEBA 4

Expresión e interacción orales

Número de tareas: 5 ■ Tiempo: de 15 a 20 minutos

| Tarea 1 | Tarea 2 | Tarea 3 | Tarea 4 | Tarea 5 |

Conteste a cuatro preguntas de carácter personal. Pulse en *Escucha* para escuchar cada pregunta y, después, pulse en *Grabar* para responder.

> Tiene 15 segundos para grabar cada respuesta de las preguntas 1 y 2.
> Tiene 30 segundos para grabar cada respuesta de las preguntas 3 y 4.

| Tarea 1 | Tarea 2 | Tarea 3 | Tarea 4 | Tarea 5 |

Elija en 30 segundos una de las siguientes fotografías para describir lo que ve en ella.

OPCIÓN 1

OPCIÓN 2

> Tiene dos minutos para preparar la tarea.
> Después, grabe su respuesta. Tiene de uno a dos minutos para realizarla.

EXPRESIÓN E INTERACCIÓN ORALES

OPCIÓN 1

OPCIÓN 2

> **Describa la fotografía y conteste a las preguntas:**
- ¿Cuántas personas hay?
- ¿Qué relación cree que existe entre ellas?
- Describa a esas personas: ¿cómo son?, ¿qué ropa llevan?
- ¿Dónde están?
- ¿Qué objetos hay en las imágenes, cómo son y dónde están?

PRUEBA 4

Tarea 1 | Tarea 2 | **Tarea 3** | Tarea 4 | Tarea 5

BLOQUE 1

Elija en 30 segundos una de las siguientes situaciones y grabe su respuesta.
  Situación 1: Rechazar una invitación
  Situación 2: Pedir un favor a una amiga

SITUACIÓN 1: Rechazar una invitación

Su primo Pablo le invita a tomar unas tapas por la tarde después del trabajo. Usted debe:
  • rechazar la invitación y disculparse;
  • explicar las razones por las que no puede ir;
  • proponer una alternativa para verse otro día.

> **Tiene 20 segundos para pulsar *Grabar*. Si no lo hace, la grabadora se iniciará automáticamente.**
> **Tiene un minuto y medio para realizar la tarea.**

SITUACIÓN 2: Pedir un favor a una amiga

Usted se va de vacaciones a Italia una semana y quiere pedir a su amiga Caterina si puede cuidar de su tortuga. Usted debe:
  • explicar cuándo y dónde se va de vacaciones y durante cuánto tiempo estará fuera;
  • pedir el favor;
  • explicar cómo cuidar de la tortuga.

> **Tiene 20 segundos para pulsar *Grabar*. Si no lo hace, la grabadora se iniciará automáticamente.**
> **Tiene un minuto y medio para realizar la tarea.**

EXPRESIÓN E INTERACCIÓN ORALES

BLOQUE 2

Elija en 30 segundos una de las siguientes situaciones y grabe su respuesta.

Situación 1: Quejarse de un servicio insuficiente
Situación 2: Reservar una cita con el médico

SITUACIÓN 1: Quejarse de un servicio insuficiente

Usted tiene que escribir una carta a la compañía del transporte público para quejarse del servicio insuficiente. Usted debe:
- explicar las razones de su queja;
- explicar cómo han afectado a su jornada de trabajo los problemas del transporte público;
- despedirse.

> Tiene 20 segundos para pulsar *Grabar*. Si no lo hace, la grabadora se iniciará automáticamente.
> Tiene un minuto y medio para realizar la tarea.

SITUACIÓN 2: Reservar una cita con el médico

Usted no se siente muy bien y quiere pedir una cita con el médico. Usted debe:
- explicar sus síntomas;
- pedir una cita;
- hablar de sus horarios y proponer un día y hora.

> Tiene 20 segundos para pulsar *Grabar*. Si no lo hace, la grabadora se iniciará automáticamente.
> Tiene un minuto y medio para realizar la tarea.

Tarea 1 | Tarea 2 | Tarea 3 | Tarea 4 | Tarea 5

Elija en 30 segundos uno de los siguientes temas para hablar sobre él en las tareas 4 y 5.
Opción 1: Las energías renovables
Opción 2: Decir mentiras

A continuación, lea el texto. Después, pulse *Escucha* para escuchar cada pregunta y grabe su respuesta.

> Tiene usted un minuto para responder cada pregunta.

OPCIÓN 1

LAS ENERGÍAS RENOVABLES

Las energías renovables son fuentes de energía que se renuevan de forma natural constante, por lo que pueden ser utilizadas indefinidamente y son inagotables. En general, las energías renovables incluyen fuentes de energía procedentes de materias primas naturales, aunque la renovación o producción no sea estrictamente natural, por ejemplo, el viento, la radiación solar o la energía hidráulica. Aunque se asocia las energías renovables con energías limpias, verdes o no contaminantes, algunos tipos pueden contaminar y tener un alto impacto ambiental. Por ejemplo, la biomasa o la madera se pueden considerar energías renovables si se replantan las plantas utilizadas, pero su combustión genera dióxido de carbono y otros gases de efecto invernadero.

OPCIÓN 2

DECIR MENTIRAS

Desde que somos pequeños aprendemos a mentir porque es un mecanismo que evita enfrentamientos y conflictos. Mentir nos mantiene en un mundo de paz y armonía y, según algunos sociólogos, el comportamiento oculto está presente en todo el reino animal. Todos creemos ser capaces de detectar mentiras, pero solo unos pocos pueden realmente hacerlo. Para detectar mentiras es mejor usar los oídos y no los ojos, ya que para los mentirosos es muy difícil controlar qué dicen y cómo lo dicen.

EXPRESIÓN E INTERACCIÓN ORALES

Tarea 1 | Tarea 2 | Tarea 3 | Tarea 4 | Tarea 5

Si en la tarea 4 usted ha elegido el tema de *Las energías renovables,* seleccione una de las dos opciones. Después, tiene dos minutos para preparar una argumentación a favor o en contra de la opción elegida.

OPCIÓN 1

Algunas fuentes de energía renovables como biomasa y madera producen efectos tóxicos en el ambiente debidos al dióxido y otros gases generados por la combustión.

OPCIÓN 2

Las fuentes de energía renovables son el futuro de nuestro planeta, ya que no producen ningún impacto ambiental y podemos recurrir a ellas sin miedo a que se acaben.

Si en la tarea 4 usted ha elegido el tema de *Decir mentiras,* seleccione una de las dos opciones. Después, tiene dos minutos para preparar una argumentación a favor o en contra de la opción elegida.

OPCIÓN 1

Mentir es una estrategia para sobrevivir. Una sociedad avanzada que se desarrolla en armonía es la que sabe engañar de vez en cuando.

OPCIÓN 2

Los padres deberían enseñarles a sus hijos que es mejor no decir mentiras porque, aunque a veces tengan efectos aparentemente positivos, es fácil detectar a los mentirosos.

> No olvide:
- dar su opinión;
- justificar su opinión y exponer sus razones;
- decir algún ejemplo;
- concluir con argumentos.

> Tiene 30 segundos para elegir la opción. Grabe su respuesta. Tiene de tres a cuatro minutos para realizar la tarea.

Examen

5

Examen 5

PRUEBA 1

Comprensión de lectura

Número de tareas: 5 ■ Tiempo: 60 minutos

Tarea 1 | Tarea 2 | Tarea 3 | Tarea 4 | Tarea 5

Lea estos cinco textos breves. Elija la opción adecuada en cada caso.

Texto 1. La fruta

COMER FRUTA

Comer fruta es bueno. Algunas personas dicen que comer fruta sola es bueno para obtener todos sus nutrientes. Ningún estudio demuestra esta afirmación. No hay reglas para comer fruta antes de las comidas, después o con otros alimentos. Todo depende de las combinaciones de alimentos para tener beneficios en la nutrición o no.

1. En el texto se dice que...
    a. comer fruta sola es bueno.
    b. la fruta se puede comer sola o no.
    c. hay reglas para comer fruta.

Texto 2. Curso

Curso de cocina   ¿Te gusta cocinar?

Curso de dos días en Sevilla para principiantes. El curso empieza el 20 de abril. En el curso aprendes a cocinar carne, pescado, verduras y a preparar bocadillos, hamburguesas y sándwiches originales y buenos. Al final del curso recibes un certificado de participación.

2. El anuncio trata de un curso...
    a. para aprender a cocinar.
    b. de cocina para expertos.
    c. de preparación de bocadillos.

Texto 3. Edificios abandonados

DONACIÓN DE EDIFICIOS

La ciudad de Madrid regala a grupos de vecinos 15 locales abandonados. Estos edificios, abandonados y viejos, son viejas salas de cine, antiguos mercados de frutas y verduras y oficinas sin actividad. Los lugares son para actividades gratuitas como bailes, deportes, lecturas…

Para más información, visita el sitio web
www.madridona.es

3. El Ayuntamiento de Madrid…
   a. organiza actividades gratuitas.
   b. recupera espacios de la ciudad.
   c. regala casas.

Texto 4. *Un asunto de familia*

Un asunto de familia es el libro de la película de Hirokazu Kore-eda. Una noche de invierno, Osamu y su hijo ven a una niña sola en la calle y la llevan a casa. La familia tiene muy poco dinero. El libro trata sobre la familia y el amor.

4. *Un asunto de familia* es…
   a. una película de tema familiar.
   b. un libro sobre la gente.
   c. un libro y una película sobre la familia.

Texto 5. *Marketing*

Marketing para nuevas **EMPRESAS**

Para vender, las empresas necesitan el *marketing* y crear una imagen de marca. Vender no es fácil y hacer *marketing* es muy difícil. A continuación, presentamos contenidos para:
1. Crear una imagen de marca.
2. Crear y mantener las redes sociales.
3. Gestionar comentarios en páginas webs, redes sociales.

5. Según el texto…
   a. vender es muy simple y poco complicado.
   b. las empresas crean redes sociales.
   c. las compañías necesitan una imagen de marca.

COMPRENSIÓN DE LECTURA

Tarea 1 | Tarea 2 | Tarea 3 | Tarea 4 | Tarea 5

Lea este correo que Maribel escribe a su amiga Laura. Elija la opción correcta en cada caso.

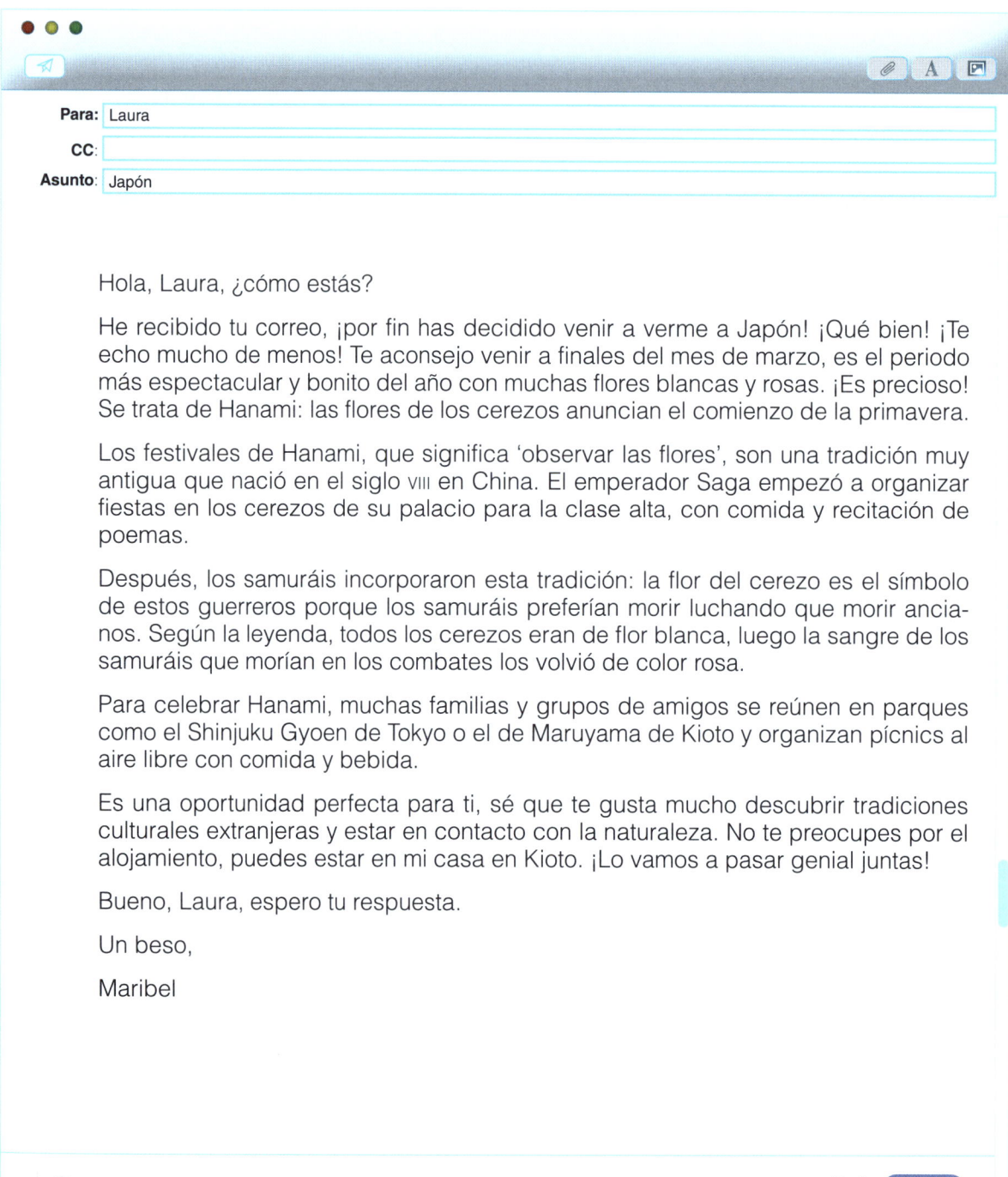

Para: Laura
CC:
Asunto: Japón

Hola, Laura, ¿cómo estás?

He recibido tu correo, ¡por fin has decidido venir a verme a Japón! ¡Qué bien! ¡Te echo mucho de menos! Te aconsejo venir a finales del mes de marzo, es el periodo más espectacular y bonito del año con muchas flores blancas y rosas. ¡Es precioso! Se trata de Hanami: las flores de los cerezos anuncian el comienzo de la primavera.

Los festivales de Hanami, que significa 'observar las flores', son una tradición muy antigua que nació en el siglo VIII en China. El emperador Saga empezó a organizar fiestas en los cerezos de su palacio para la clase alta, con comida y recitación de poemas.

Después, los samuráis incorporaron esta tradición: la flor del cerezo es el símbolo de estos guerreros porque los samuráis preferían morir luchando que morir ancianos. Según la leyenda, todos los cerezos eran de flor blanca, luego la sangre de los samuráis que morían en los combates los volvió de color rosa.

Para celebrar Hanami, muchas familias y grupos de amigos se reúnen en parques como el Shinjuku Gyoen de Tokyo o el de Maruyama de Kioto y organizan pícnics al aire libre con comida y bebida.

Es una oportunidad perfecta para ti, sé que te gusta mucho descubrir tradiciones culturales extranjeras y estar en contacto con la naturaleza. No te preocupes por el alojamiento, puedes estar en mi casa en Kioto. ¡Lo vamos a pasar genial juntas!

Bueno, Laura, espero tu respuesta.

Un beso,

Maribel

1. Con este correo, Maribel...
    a. invita a Laura a Japón.
    b. dice que quiere celebrar Hanami.
    c. da un consejo sobre el periodo de visita.

2. Hanami es...
    a. el festival en el que se observan las flores de los cerezos.
    b. un festival de comida oriental.
    c. una celebración religiosa.

3. Las flores de cerezos son el símbolo...
    a. del ciclo de la vida y la muerte de los samuráis.
    b. del emperador Saga.
    c. de la ciudad de Kioto.

4. Para celebrar Hanami...
    a. se organiza un concierto.
    b. la gente se reúne en los parques.
    c. se hace un desfile por las calles de Kioto.

5. Laura puede estar en...
    a. un hotel.
    b. la casa de Maribel.
    c. una casa de alquiler.

COMPRENSIÓN DE LECTURA

Tarea 1 | Tarea 2 | Tarea 3 | Tarea 4 | Tarea 5

Lea tres breves biografías de personajes históricos. Elija la opción correcta para cada pregunta.

WALT DISNEY

Walt Disney nació en 1901 en Chicago. Desde muy pequeño desarrolló su amor por el dibujo y asistió a clases de Arte. A los dieciséis años abandonó los estudios para meterse en el ejército para luchar durante la Primera Guerra Mundial, pero fue rechazado porque era menor de edad. Después, consiguió trabajo como conductor de ambulancias en Francia. En 1923 comenzó a producir dibujos animados en Hollywood con su hermano Roy Disney. En 1928 estrenó un corto animado donde Mickey Mouse era el personaje principal. Esto le hizo famoso, aunque llegaron rumores de que Mickey Mouse era un personaje copiado. Walt Disney Productions alcanzó la fama en los años 50 y 60.

FRANCISCO DE GOYA

Francisco de Goya nació en 1746 en España. Su padre era un artesano famoso, pero no quiso trabajar con él porque quería pintar los cuadros que creaba en su imaginación. A los 14 años comenzó su formación artística como aprendiz de un pintor de su mismo pueblo llamado José Luzán. En 1763 se fue a Madrid para entrar en la Academia de San Fernando, pero no lo consiguió. El pintor Francisco Bayeu le ayudó a conseguir trabajos importantes y empezó a tener una buena fama como artista. El rey Carlos IV convirtió a Goya en el pintor oficial de palacio. Murió en 1828 en Burdeos.

HIPATIA DE ALEJANDRÍA

Hipatia nació en Alejandría en el año 355. Fue una filósofa griega que abrió el camino a las mujeres en un campo exclusivamente para hombres: la astronomía. Era hija de un matemático y astrónomo griego. De su padre aprendió las bases de geometría y álgebra. La pasión por la búsqueda de lo desconocido impulsó a Hipatia a dedicarse no solo a la investigación filosófica y científica, sino también a la enseñanza. Las clases de Hipatia impulsaban al raciocinio y estaban abiertas para cualquier tipo de persona. Esto no gustó a muchos cristianos. Murió en el año 415 a causa de la desconfianza de muchos religiosos y las acusaciones injustificadas sobre su rechazo a la religión.

1. ¿Quién quiso ir a la guerra?
    a. Walt Disney.
    b. Francisco de Goya.
    c. Hipatia de Alejandría.

2. ¿Quién desarrolló su pasión cuando era pequeño?
    a. Walt Disney.
    b. Francisco de Goya.
    c. Hipatia de Alejandría.

3. ¿Quién tuvo problemas para estudiar?
    a. Walt Disney.
    b. Francisco de Goya.
    c. Hipatia de Alejandría.

4. ¿Quién murió injustamente?
    a. Walt Disney.
    b. Francisco de Goya.
    c. Hipatia de Alejandría.

5. ¿Quién trabajó para el rey?
    a. Walt Disney.
    b. Francisco de Goya.
    c. Hipatia de Alejandría.

6. ¿Quién empezó su trabajo con su hermano?
    a. Walt Disney.
    b. Francisco de Goya.
    c. Hipatia de Alejandría.

7. ¿Quién tenía mucha imaginación?
    a. Walt Disney.
    b. Francisco de Goya.
    c. Hipatia de Alejandría.

8. ¿Quién enseñaba?
    a. Walt Disney.
    b. Francisco de Goya.
    c. Hipatia de Alejandría.

COMPRENSIÓN DE LECTURA

Tarea 1 | Tarea 2 | Tarea 3 | Tarea 4 | Tarea 5

Lea estos dos textos. En cada uno faltan cuatro fragmentos. Elija el correcto en cada caso. Sobra uno.

Texto 1

EL MISTERIO DE MACHU PICCHU

Machu Picchu es una gran obra maestra de la arquitectura construida por los incas en Perú. Es uno de los destinos más famosos del planeta y tiene muchos secretos. Está rodeado de misterio. Está construido en un lugar muy poco accesible y esto llama la atención a los científicos. Un nuevo estudio revela pistas que ayudarían a encontrar una explicación geológica.

___1___ . «La ubicación de Machu Picchu no es una coincidencia», dijo en un comunicado Rualdo Menegat, geólogo de la Universidad Federal de Río Grande del Sur de Brasil y autor de la investigación.

Machu Picchu se encuentra en la región de Cuzco, entre los Andes, a una altura de 2430 metros sobre el nivel del mar. ¿Por qué los incas construyeron esta joya arquitectónica en un lugar casi inaccesible? ___2___ .

Algunas de las fallas (fracturas en el terreno) van en sentido noreste-suroeste y otras van de noroeste a sureste, formando una X en cuyo centro está Machu Picchu.

___3___ . «El diseño claramente refleja la forma del terreno bajo la ciudad», dice Menegat. Esto mismo también se ha observado en otras antiguas ciudades incas como Ollantaytambo, Písac y Cuzco.

Debido a las fallas, el territorio ofrecía a los incas grandes cantidades de rocas fracturadas que se desplazaban después de un terremoto. ___4___ .

(Adaptado de www.lanacion.com)

a. Para buscar pistas, Menegat utilizó imágenes con un satélite y midió el terreno. Con esto realizó un mapa con la estructura sobre la que se construyó la ciudad.

b. Los análisis de Menegat muestran que varios edificios, escaleras y sectores urbanos de Machu Picchu se construyeron siguiendo la orientación de estas fallas en X.

c. Eso, según Menegat, les facilitó el trabajo, pues las piedras ya estaban debilitadas y era más fácil tallarlas.

d. Un nuevo estudio publicado por la Sociedad Geológica de Estados Unidos sugiere que los incas decidieron construir este santuario en un lugar donde se encuentran varias fallas geológicas.

e. «Las fallas tectónicas del área llevaron el agua del deshielo y de la lluvia directamente hacia la ciudadela», dice el geólogo.

Texto 2   **EL CAMBIO CLIMÁTICO Y EL NIVEL DE LOS OCÉANOS**

En el siglo xx, el nivel del mar creció aproximadamente 15 centímetros. ⬚1⬚. Esta es una de las advertencias de un nuevo informe especial del Panel Intergubernamental de Cambio Climático (IPCC), dedicado a entender cómo el calentamiento global está afectando los océanos y la *criósfera* (la superficie de la Tierra cubierta por hielos y glaciares), y cuál es la relación que existe entre estos y el impacto de la población humana. ⬚2⬚.

«Tanto los océanos como la *criósfera* están afectados por el clima y a su vez tienen la capacidad de afectarlo», revela la argentina Carolina Vera, investigadora del Conicet y la UBA en el Centro de Investigaciones del Mar y la Atmósfera (CIMA).

Los océanos y la *criósfera* regulan el clima de la tierra. Los primeros tienen una gran capacidad para retener y liberar calor, por lo que responden de forma diferente de la forma de la atmósfera a forzantes externos. ⬚3⬚.

Todo esto tiene consecuencias en los ambientes marinos. No solo se *vuelve ácido* el océano, también existe una pérdida de oxígeno y un cambio en la disponibilidad de nutrientes, que están afectando la distribución y abundancia de los ecosistemas marinos en áreas costeras, en el océano abierto y en las profundidades. ⬚4⬚.

Otra consecuencia del aumento del nivel del mar es que crecerá la frecuencia de eventos extremos, que ocurren durante la marea alta, y habrá tormentas intensas. Las regiones costeras son las más vulnerables, así como los pequeños estados insulares en desarrollo, que ya se encuentran bajo riesgo de inundaciones e invasión de aguas del océano.

(Adaptado de www.lanacion.com)

a. Pero si la humanidad no logra reducir drásticamente las emisiones de gases de efecto invernadero, en 2100 esa cifra podría ir de 30 a 60 centímetros.

b. Estos cambios promueven la aparición de nuevos ecosistemas. Algunas especies están migrando pendiente arriba.

c. También confirma que el aumento de la temperatura global causó que esas grandes masas de agua se volvieran ácidas y la disminución en profundidad, extensión y duración de la capa de nieve.

d. La disminución de los glaciares también reduce la estabilidad de las pendientes montañosas, lo que crea condiciones para mayores deslizamientos en algunas regiones y estaciones.

e. El océano absorbió más del 90 % del calor generado por la emisión de gases, lo que limitó el calentamiento en otras regiones del sistema terrestre.

COMPRENSIÓN DE LECTURA

Tarea 1 | Tarea 2 | Tarea 3 | Tarea 4 | Tarea 5

Lea este texto en el que faltan doce palabras. Elija la opción correcta para cada caso.

UNA CEBRA CON LUNARES

A veces la naturaleza sorprende a la gente con animales realmente curiosos. Hace poco tiempo un guía descubrió una cría de cebra, con una __1__ genética, a la que bautizó con el nombre de Tira. ¡Los dibujos de su piel parecen lunares! En algunas redes sociales, como Facebook, se publicaron varias fotografías de esta peculiar cebra y las imágenes han dado la vuelta al mundo.

Es un animal único, pero lo más interesante no es solo el peculiar dibujo de Tira, sino también el cambio del __2__ cromático: es marrón en lugar de blanca, y tiene puntos en lugar de rayas negras. Y aunque __3__ no ha sido comprobado científicamente, los responsables del parque nacional Masai Mara sospechan que esos extraños puntos dispersos por todo su cuerpo __4__ una extraña mutación genética. __5__, no es la primera vez que ocurre algo parecido en este parque natural: hace unos años documentaron un caso similar, aunque en aquel momento el ejemplar __6__ las rayas, pero con los colores invertidos.

__7__ su peculiar apariencia, Tira no fue rechazada por sus progenitores y mantuvieron a la cría dentro de la manada. Como apunta Emilie Poudroux, guía de viajes de Kananga, quien tuvo la oportunidad de observarla en directo: «No noté ningún comportamiento diferente o extraño. No observé tampoco ningún rechazo por parte del grupo; parecía bien integrada, en un grupo grande de cebras y ñus, era como una más. ¡Es la primera vez que __8__ algo así, es muy emocionante!».

¿Negras con rayas blancas o viceversa?

Al contrario de lo que pueda parecer, las últimas investigaciones científicas __9__ a que las cebras son negras con rayas blancas. Según los científicos, durante el __10__ embrionario el color de la piel podría ser totalmente blanco o negro, y luego desarrollarse los patrones en sus fases posteriores de crecimiento. __11__, según los últimos estudios, los embriones van perdiendo melanina según avanza la gestación, con lo que podríamos deducir que las cebras son negras con rayas blancas.

__12__, varios estudios científicos han demostrado que la principal función de las rayas de las cebras es la protección frente a las picaduras de algunos insectos, como las moscas tse-tse y los tábanos, ya que según un estudio a estos insectos les cuesta posarse en superficies de ese color.

(Adaptado de nationalgeographic.com)

1.   a. mutación   b. modificación   c. permuta
2.   a. boceto   b. patrón   c. sistema
3.   a. en la vida   b. todavía   c. jamás
4.   a. se habrían debido a   b. se deberían a   c. se deban a
5.   a. Aunque   b. En cambio   c. Sin embargo
6.   a. mantuviera   b. mantenía   c. había mantenido
7.   a. A pesar de   b. Aún   c. Contrario a
8.   a. veo   b. he visto   c. veía
9.   a. notan   b. demuestran   c. apuntan
10.   a. aumento   b. desarrollo   c. crecimiento
11.   a. Asimismo   b. De hecho   c. Ya que
12.   a. Por otro lado   b. Pero   c. Por contraste

Examen 5

PRUEBA 2

Comprensión auditiva

Número de tareas: 6 ■ Tiempo: 55 minutos

| Tarea 1 | Tarea 2 | Tarea 3 | Tarea 4 | Tarea 5 | Tarea 6 |

Usted va a escuchar un diálogo entre una señora y un dependiente de una librería. Lea las cinco oraciones y elija la opción correcta para cada hueco.

> Va a escuchar la conversación dos veces.
> Tiene 30 segundos para leer las oraciones.

a. payaso | b. hijo | c. americano | d. ciencias | e. padre | f. protagonista | g. novio | h. inglés | i. hombre | j. escritor | k. animal | l. canadiense | m. niño | n. animales | ñ. miedo

1. La señora quiere un libro de _____.
2. La señora quiere dar una sorpresa a su _____.
3. El dependiente aconseja a la mujer un autor _____.
4. En *Cementerio de los animales* Louis Creed es el _____.
5. En *It* el monstruo tiene forma de _____.

Tarea 1 | **Tarea 2** | **Tarea 3** | **Tarea 4** | **Tarea 5** | **Tarea 6**

Usted va a escuchar cinco anuncios. Elija la opción correcta.

> Va a escuchar los anuncios dos veces.
> Tiene 30 segundos para leer las preguntas.

Anuncio 1. *El anuncio es de...*
    a. un curso de medicina natural.
    b. un curso para aprender a hacer masajes.
    c. unos cursos de yoga y taichí.

Anuncio 2. *La empresa del anuncio...*
    a. ofrece formación en ventas.
    b. busca practicantes.
    c. gestiona servicios técnicos.

Anuncio 3. *Guía del Ocio te da información...*
    a. solo sobre restaurantes en las provincias.
    b. de ocio y cultura.
    c. turística.

Anuncio 4. *Las piezas son una colección...*
    a. de Egipto.
    b. del Museo Británico.
    c. del CaixaForum.

Anuncio 5. *Faunia tiene ofertas para...*
    a. niños, ancianos y personas con discapacidades.
    b. familias con niños discapacitados.
    c. ancianos y niños.

COMPRENSIÓN AUDITIVA

Tarea 1 | Tarea 2 | **Tarea 3** | Tarea 4 | Tarea 5 | Tarea 6

Usted va a escuchar a ocho personas hablando de los locales imprescindibles para visitar Madrid. Elija la oración que corresponde a cada persona.

> Va a escuchar a cada persona dos veces.
> Tiene 30 segundos para leer las oraciones.

a. El local se sitúa en una iglesia.
b. En el local se ve la cocina.
c. Este local está ubicado en el centro de un barrio.
d. Su cocina tiene productos del Mediterráneo.
e. El propietario celebra la cocina cantonesa en Madrid.
f. Su cocina es de inspiración natural y de productores pequeños.
g. Se mantiene la comida madrileña en algunos platos.
h. Es un local con estilo marinero de tradición andaluza.
i. Su cocina se centra en la comida tradicional típica de Madrid.
j. Es el más antiguo del mundo.
k. Es uno de los restaurantes más antiguos de Madrid.

Persona 1: ___   Persona 2: ___   Persona 3: ___   Persona 4: ___

Persona 5: ___   Persona 6: ___   Persona 7: ___   Persona 8: ___

Tarea 1 | Tarea 2 | Tarea 3 | Tarea 4 | Tarea 5 | Tarea 6

Usted va a escuchar una entrevista a Fernando Botero, pintor, escultor y dibujante colombiano, sobre su exposición en Bilbao y su manera de pintar. Elija la opción correcta.

> Va a escuchar la entrevista dos veces.
> Tiene 45 segundos para leer las preguntas.

1. La selección de las obras ha sido hecha por...
    a. la directora del museo.
    b. Botero.
    c. Lina, la hija de Botero.

2. Lina...
    a. ha seleccionado las obras para las exposiciones de Ciudad de México y Bilbao.
    b. ha organizado la exposición de Ciudad de México.
    c. ha expuesto 70 obras en el Museo de Bellas Artes.

3. Botero a la hora de pintar...
    a. prefiere pintar circos.
    b. toma un tema que le interesa y se dedica totalmente a él.
    c. toma un tema que le interesa y pinta pocas obras sobre él.

4. Los temas de Botero son...
    a. solo trágicos, como torturas y violencia.
    b. solo amables y efímeros.
    c. variados: pueden ser tanto amables cómo trágicos.

5. Botero ha decidido tratar temas trágicos porque...
    a. opina que el pintor tiene que ser también un testimonio.
    b. opina que el arte es siempre trágico.
    c. no le gustan los temas amables.

6. Pintando los cuadros trágicos, Botero...
    a. ha copiado las fotos que ha visto.
    b. se ha inventado todo.
    c. ha imaginado cómo habían pasado las torturas leyendo artículos.

7. El estilismo...
    a. nunca ha tocado a Botero.
    b. ha sido una pequeña etapa del recorrido artístico de Botero.
    c. todavía es parte del estilo de Botero.

8. Para Botero, el volumen es...
    a. una técnica inútil para crear campos amplios de color.
    b. exageración que exalta la naturaleza, la sensualidad y los colores.
    c. una técnica utilizada también por Pablo Picasso.

COMPRENSIÓN AUDITIVA

Tarea 1 | Tarea 2 | Tarea 3 | Tarea 4 | Tarea 5 | Tarea 6

Usted va a escuchar seis fragmentos de una conferencia del maestro Dokushô Villalba en la sede de la Unesco, con motivo del simposio *Unidad en la diversidad* organizado por la Unión Budista Europea. ¿Qué es la ética? Elija para cada fragmento la opción correcta.

> Va a escuchar los fragmentos de la conferencia dos veces.
> Tiene 45 segundos para leer las opciones.

Fragmento 1:
 a. La ética es la distinción entre el bien y el mal.
 b. La ética está formada por la moral y las obligaciones.
 c. Existe una ética universal.

Fragmento 2:
 a. Códigos éticos distintos tratan de imponerse sobre los otros a través de la violencia.
 b. Los códigos éticos distintos comunican pacíficamente su concepción del bien y del mal.
 c. Ningún código ético cree que su concepción del bien y del mal es absoluta.

Fragmento 3:
 a. La ética de la compasión crea un lenguaje común que lleva a conflictos.
 b. La ética de la sabiduría sirve para enfatizar las diferencias y los contrastes.
 c. La ética de la sabiduría y de la compasión sirven para respetar las diversidades.

Fragmento 4:
 a. La ética de la dominación respeta a los seres del mundo.
 b. Ningún ser del mundo (humano, vegetal o animal) quiere sufrir.
 c. La ética de la compasión no intenta evitar que los otros seres sufran.

Fragmento 5:
 a. Somos seres vivos, pero la vida no es libertad.
 b. Tenemos derecho de criticar y luchar contra la identidad cultural de los demás.
 c. Tenemos el derecho de defender nuestra libertad de expresión.

Fragmento 6:
 a. El siglo XXI necesita que la ética de la compasión y de la sabiduría sean aplicadas.
 b. La ética de la dominación no es para el beneficio de los que la aplican.
 c. En el siglo XXI tenemos que usar la ética de la dominación.

Tarea 1 | Tarea 2 | Tarea 3 | Tarea 4 | Tarea 5 | **Tarea 6**

Usted va a escuchar un fragmento del discurso de Antonio Machado sobre la defensa y la difusión de la cultura. Elija las seis opciones que corresponden a este discurso.

> Va a escuchar la conferencia dos veces.
> Tiene 50 segundos para leer las opciones.

a. En difundir la cultura, solo se pierde lo que se guarda; en cambio, se gana lo que se da.

b. El poeta debería estar encerrado en su círculo cultural aristocrático.

c. En todo caso, difundir la cultura significa siempre degradarla.

d. Escribir para el pueblo es escribir para los hombres de nuestra tierra y también para los que están más allá de las fronteras.

e. La aristocracia española está en el pueblo.

f. En España escribir para el pueblo no es escribir para los mejores.

g. Las masas no son los hombres del pueblo.

h. Desde un punto de vista externo, la cultura no es un tesoro para privilegiados.

i. La masa representa al hombre elemental.

j. En las masas el hombre está degradado a objeto físico.

k. Para Mairena, las masas son el resultado de la degradación del hombre hecha por la burguesía.

l. El alma popular de España ha transpuesto sus fronteras.

Examen 5

PRUEBA 3

Expresión e interacción escritas

Número de tareas: 2 ■ Tiempo: 50 minutos

Tarea 1 | Tarea 2

Lea este mensaje que ha recibido de una amiga y conteste.

> **En su respuesta debe:**
>   - saludar;
>   - decir cómo es su casa en Buenos Aires, qué medios de transporte hay y cómo es la zona en la que está;
>   - decir qué le gusta y qué no le gusta de su nueva vida;
>   - contar su primer día de trabajo en Buenos Aires;
>   - despedirse.

> **Número de palabras recomendado: entre 100 y 150.**

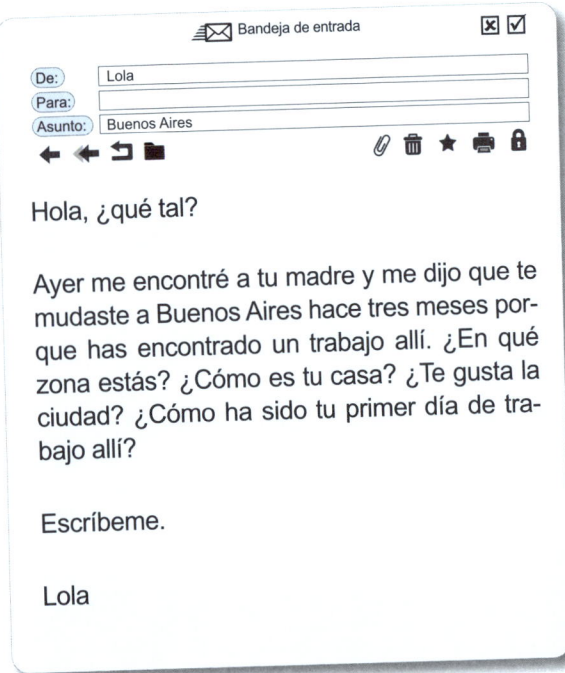

PRUEBA 3

Tarea 1 | **Tarea 2**

Elija el tipo de texto y el tema sobre el que va a escribir. Si no elige dentro de un minuto, el sistema va a elegir una opción de forma aleatoria.

> **Elija una de las dos opciones que se le ofrecen a continuación.**
>   Opción 1: Escribir un texto de opinión: *Desempleo juvenil en España*
>   Opción 2: Escribir una carta a un periódico: *La educación en la era digital*

> **Número de palabras recomendado: entre 250 y 300.**

OPCIÓN 1: Escribir un texto de opinión

Lea la siguiente noticia y escriba un texto de opinión para un periódico local sobre el problema del desempleo juvenil en España. Tiene que:

- exponer el tema;
- dar su opinión;
- presentar argumentos a favor o en contra;
- concluir.

DESEMPLEO JUVENIL EN ESPAÑA

En los últimos años, España ha perdido casi dos millones de trabajadores jóvenes. La población activa entre 16 y 29 años se ha reducido un 20 % desde la crisis. Todo debido a la falta de flexibilidad de la normativa, la subida del salario mínimo y la escasa formación en niveles bajos. También a la incapacidad para facilitar la vuelta de los jóvenes que emigraron en busca de una salida profesional.

EXPRESIÓN E INTERACCIÓN ESCRITAS

Tarea 1 | **Tarea 2**

OPCIÓN 2: Escribir una carta a un periódico

Usted es profesor de instituto. Lea esta noticia y escriba una carta al periódico *El Globo* en la que exprese:

- por qué cree que es necesario renovar el sistema escolar;
- los motivos de su conformidad o no con el artículo;
- sus preocupaciones por las novedades;
- una conclusión.

LA EDUCACIÓN EN LA ERA DIGITAL

En el futuro, todos los alumnos tendrán acceso a los mejores recursos de educación a escala mundial y se creará un aula sin fronteras e igual para todos. Esto supone una revolución en la enseñanza, que necesita cambios en el papel del profesor y del alumno. El profesor no solo transmite conocimientos, sino que revisa y favorece el trabajo en equipo.

Examen 5

PRUEBA 4

Expresión e interacción orales

Número de tareas: 5 ■ Tiempo: de 15 a 20 minutos

| Tarea 1 | Tarea 2 | Tarea 3 | Tarea 4 | Tarea 5 |

 7

Conteste a cuatro preguntas de carácter personal. Pulse en *Escucha* para escuchar cada pregunta y, después, pulse en *Grabar* para responder.

> Tiene 15 segundos para grabar cada respuesta de las preguntas 1 y 2.
> Tiene 30 segundos para grabar cada respuesta de las preguntas 3 y 4.

| Tarea 1 | Tarea 2 | Tarea 3 | Tarea 4 | Tarea 5 |

Elija en 30 segundos una de las siguientes fotografías para describir lo que ve en ella.

OPCIÓN 1

OPCIÓN 2

> Tiene dos minutos para preparar la tarea.
> Después, grabe su respuesta. Tiene de uno a dos minutos para realizarla.

EXPRESIÓN E INTERACCIÓN ORALES

OPCIÓN 1

OPCIÓN 2

> **Describa la fotografía y conteste a las preguntas:**
- ¿Cuántas personas hay?
- ¿Qué relación cree que existe entre ellas?
- Describa a esas personas: ¿cómo son?, ¿qué ropa llevan?
- ¿Dónde están?
- ¿Qué objetos hay en las imágenes, cómo son y dónde están?

PRUEBA 4

Tarea 1 | Tarea 2 | **Tarea 3** | Tarea 4 | Tarea 5

BLOQUE 1

Elija en 30 segundos una de las siguientes situaciones y grabe su respuesta.

Situación 1: Pedir ayuda a un compañero para un examen
Situación 2: Pedir a su tía si puede hacerle una tarta

SITUACIÓN 1: Pedir ayuda a un compañero para un examen

Usted tiene un examen de Química y le pide a su compañero Matías si puede ayudarle a prepararse. Usted debe:
- decir cuándo tiene el examen y sobre qué temas es;
- proponer cuándo y dónde quedar para estudiar;
- ofrecer su ayuda en otra asignatura para devolver el favor.

> Tiene 20 segundos para pulsar *Grabar*. Si no lo hace, la grabadora se iniciará automáticamente.
> Tiene un minuto y medio para realizar la tarea.

SITUACIÓN 2: Pedir a su tía si puede hacerle una tarta

Usted ha invitado a sus compañeras de trabajo a su casa para tomar un té. Quiere dar una buena impresión y le pide a su tía, que es muy buena cocinera, que prepare una tarta. Usted debe:
- saludar a su tía y preguntar cómo está;
- preguntarle si ella tiene tiempo para prepararle una tarta;
- explicar cómo quiere la tarta y para qué ocasión es.

> Tiene 20 segundos para pulsar *Grabar*. Si no lo hace, la grabadora se iniciará automáticamente.
> Tiene un minuto y medio para realizar la tarea.

BLOQUE 2

Elija en 30 segundos una de las siguientes situaciones y grabe su respuesta.
Situación 1: Disculparse con su jefe
Situación 2: Problema con la huelga de trenes

SITUACIÓN 1: Disculparse con su jefe

Usted trabaja como periodista en un periódico local. No ha terminado su artículo a tiempo para la publicación y tiene que disculparse con su jefe. Usted debe:
- disculparse;
- explicar por qué no ha respetado los plazos establecidos;
- prometer que va a terminar su artículo dentro de un par de horas.

> **Tiene 20 segundos para pulsar *Grabar*. Si no lo hace, la grabadora se iniciará automáticamente.**
> **Tiene un minuto y medio para realizar la tarea.**

SITUACIÓN 2: Problema con la huelga de trenes

Usted tiene que ir a la cena mensual de la oficina donde trabaja, pero hay huelga de trenes y llegará tarde. Usted debe:
- disculparse;
- explicar las causas del retraso;
- decir a qué hora va a llegar.

> **Tiene 20 segundos para pulsar *Grabar*. Si no lo hace, la grabadora se iniciará automáticamente.**
> **Tiene un minuto y medio para realizar la tarea.**

| Tarea 1 | Tarea 2 | Tarea 3 | **Tarea 4** | Tarea 5 |

Elija uno de los siguientes temas para hablar sobre él en las tareas 4 y 5.
  Opción 1: La discapacidad auditiva
  Opción 2: El comercio ilegal de animales

A continuación, lea el texto. Después, pulse *Escucha* para escuchar cada pregunta y grabe su respuesta.

> Tiene usted un minuto para responder cada pregunta.

OPCIÓN 1

LA DISCAPACIDAD AUDITIVA

En el año 2050 una de cada diez personas sufrirá una pérdida de audición. Las causas más frecuentes en los recién nacidos son la meningitis y las infecciones de oído medio. En cambio, en los adultos, es la exposición al ruido intenso y la pérdida auditiva por edad. La pérdida de audición y las enfermedades del oído no tratadas pueden tener efectos perjudiciales en el rendimiento escolar de los niños. En la población adulta, los problemas de comunicación tienen un alto impacto en la vida cotidiana y generan sensación de soledad, aislamiento y frustración. Las personas con discapacidad auditiva están poco integradas en la sociedad.

OPCIÓN 2

EL COMERCIO ILEGAL DE ANIMALES

El comercio ilegal de animales crece en América y amenaza la supervivencia de millones de especies, que son vendidas en crueles condiciones a coleccionistas, mercados de comidas exóticas o para exhibiciones. Este negocio genera casi 20 000 millones de euros cada año. El tráfico de animales es una de las mayores amenazas para las especies protegidas. Aves, reptiles y anfibios son las especies animales más traficadas ilegalmente hacia todas partes: a América del Norte, Asia, Oriente Medio, Europa y más allá. Este tipo de mercado negro es manejado por redes muy bien organizadas, que terminan involucrando a comunidades indígenas o campesinas muy pobres que extraen los animales de su medio natural.

EXPRESIÓN E INTERACCIÓN ORALES

Tarea 1 | Tarea 2 | Tarea 3 | Tarea 4 | **Tarea 5**

Si en la tarea 4 usted ha elegido el tema de *La discapacidad auditiva,* seleccione una de las dos opciones. Después, tiene dos minutos para preparar una argumentación a favor o en contra de la opción elegida.

OPCIÓN 1

El mayor obstáculo que deben afrontar quienes padecen algún tipo de discapacidad auditiva es la falta de conocimiento sobre sus derechos y todo derecho que no se conoce no existe.

OPCIÓN 2

A través de la iniciativa *perros del silencio*, Proyecto Oír ofrece y une a quienes necesiten un *perro ayuda* para mejorar su calidad de vida, especialmente niños o ancianos.

Si en la tarea 4 usted ha elegido el tema de *El comercio ilegal de animales,* seleccione una de las dos opciones. Después, tiene dos minutos para preparar una argumentación a favor o en contra de la opción elegida.

OPCIÓN 1

Las comunidades indígenas, que extraen los animales de su medio natural, pocas veces comprenden que forman parte de un negocio ilegal mucho mayor, y, por lo general, reciben los peores pagos en la cadena.

OPCIÓN 2

Los traficantes no tienen ningún interés por el bienestar de los animales. Al contrario, solo les interesa venderlos para ganar dinero.

> **No olvide:**
> - dar su opinión;
> - justificar su opinión y exponer sus razones;
> - decir algún ejemplo;
> - concluir con argumentos.

> Tiene 30 segundos para elegir la opción. Grabe su respuesta. Tiene de tres a cuatro minutos para realizar la tarea.

Sugerencias y consejos

SUGERENCIAS Y CONSEJOS

Cada examen SIELE consta de cuatro pruebas: Comprensión de lectura (CL), Comprensión auditiva (CA), Expresión e interacción escritas (EIE) y Expresión e interacción orales (EIO).

La CL y la CA son de respuesta automática y cerrada; en cambio, la EIE y EIO son de respuesta libre y abierta, y son evaluadas por un calificador SIELE.

La prueba de Comprensión de lectura

Consta de **38 ítems**, agrupados en cinco tareas. El resultado se calcula para obtener una calificación sobre **250 puntos**.

Sistema de calificación

- Para el nivel A1 se necesitan de 5-9 aciertos (33-65,99 puntos)
- Para el nivel A2 son 10-17 aciertos (66-117,99 puntos)
- Para el nivel B1 son 18-26 aciertos (118-177,99 puntos)
- Para el nivel B2 son 27-32 aciertos (178-216,99 puntos)
- Para el nivel C1 son 33-38 aciertos (217-250 puntos)

Los ítems se corrigen de forma automática. Los errores no restan puntos y los aciertos valen un punto. El resultado sobre **38 puntos** se pondera según la calificación anterior.

Esta prueba dura **60 minutos** y puedes distribuir el tiempo como desees.

EL BOTÓN SIGUIENTE

¡Atención! Dentro de los ejercicios de las cinco tareas puedes avanzar o retroceder [Anterior y Siguiente], pero no se puede retroceder una vez que se pasa de una tarea a otra. ¡Asegúrate de haber respondido a todas las preguntas antes de abandonar la tarea!

Variedades lingüísticas

¿Sabías que el SIELE tiene en cuenta todas las variedades del español? En las pruebas de nivel bajo A1-B1, tareas 1-3, encontrarás un lenguaje de tipo neutral; en cambio, en el nivel B2-C1, tareas 4 y 5, encontrarás textos con formas gramaticales, sintácticas y semánticas de cualquier país hispano.

La prueba de Comprensión auditiva

Consta de **38 ítems**, agrupados en seis tareas. El resultado se calcula para obtener una calificación sobre **250 puntos**. Tiene una duración de **55 minutos**.

Sistema de calificación

- Para el nivel A1 se necesitan de 5-9 aciertos (33-65,99 puntos)
- Para el nivel A2 son 10-17 aciertos (66-111,99 puntos)
- Para el nivel B1 son 18-26 aciertos (112-163,99 puntos)
- Para el nivel B2 son 27-32 aciertos (164-210,99 puntos)
- Para el nivel C1 son 33-38 aciertos (211-250 puntos)

¡No olvides! Antes de comenzar el examen, se hace una prueba de sonido para verificar que todo funciona correctamente. Si todo está bien, marca la opción **Sí** para comenzar la prueba. De otro modo, selecciona **No** y avisa al personal técnico de apoyo, ellos te ayudarán.

Los ítems se corrigen de forma automática. Los errores no restan puntos y los aciertos valen un punto. El resultado sobre **38 puntos** se pondera según la calificación anterior.

EL BOTÓN SIGUIENTE

¡Atención! Dentro de las seis tareas se puede avanzar antes de que termine el audio [Siguiente], pero no se puede retroceder. Asegúrate de haber respondido a todas las preguntas antes de abandonar la tarea.

Si dejas ítems sin respuesta, te aparece un mensaje que te pide que confirmes si deseas dejarlos sin responder antes de avanzar.

¡Consejo! Si no sabes la respuesta, selecciona una al azar, recuerda que los errores no restan puntos.

¡Consejo! Lo mejor es conocer de antemano las instrucciones y no perder tiempo durante la prueba para poder concéntrarte en escuchar y no equivocarte. Prepárate bien antes de hacer el examen: familiarízate con el funcionamiento de la prueba, practica estrategias para obtener el mejor resultado y realiza las tareas como si fuera el día del examen.

¡Revisa siempre tus respuestas! Para hacerlo aprovecha:

- el segundo audio de cada texto;
- los 30 segundos antes de pasar a la siguiente tarea.

Intenta hacer todas las tareas, aunque superen tu nivel, porque ya sabes que los errores no restan puntos.

Variedades lingüísticas

En los audios aparecen un mínimo de tres variedades lingüísticas. En las tareas de nivel A1-B1 las variedades serán lo más neutras posibles, pero los locutores no atenuarán sus rasgos fonéticos y fonológicos.

La prueba de Expresión e interacción escritas

Consta de dos tareas. El resultado, que realiza un calificador SIELE, se pondera para obtener una calificación sobre **250 puntos**. Tiene una duración de **50 minutos**.

¡Atención! No hay un tiempo para cada tarea, el candidato debe distribuir el tiempo total de la prueba de la manera que prefiera.

Tarea 1 (nivel A1-B1): responder a un texto (carta, correo electrónico, mensaje de foro o blog).

Tarea 2 (nivel B2-C1): elaborar un texto sobre un tema proporcionado.

¡Atención! Tienes un minuto para elegir entre dos opciones para la tarea 2, si no lo haces en este tiempo, el sistema elegirá por ti.

¡Recuerda! Es importante respetar la extensión recomendada:

Tarea 1: 100-150 palabras
Tarea 2: 250-300 palabras

Sistema de calificación

- Para el nivel A1 se necesitan 34-68,99 puntos
- Para el nivel A2 son 69-103,99 puntos
- Para el nivel B1 son 104-166,99 puntos
- Para el nivel B2 son 167-214,99 puntos
- Para el nivel C1 son 215-250 puntos

Variedades lingüísticas

¿Sabías que el SIELE tiene en cuenta todas las variedades del español? En la prueba de Expresión e interacción escritas puedes utilizar igualmente cualquier variedad geográfica del español, sin que esta influya en la calificación de la prueba.

¿Qué tipo de candidato eres? La tarea 1 identifica los candidatos del nivel A1 al B1; en cambio, la tarea 2 sirve para establecer si pueden alcanzar también el nivel B2 o C1. Prepárate teniendo en cuenta tu nivel.

- Si tienes un nivel A1-B1, es recomendable dedicar todo el tiempo que necesites a la primera tarea.
- Si tienes un nivel B1-B2, es recomendable dedicar unos 20 minutos al primer texto (que es más cortito) y dedicar 30 a la segunda tarea, un poco más elaborada.
- Si tu nivel es B2-C1, seguramente tardarás poco tiempo en completar la primera tarea, que te parecerá fácil, ¡pero no la subestimes! Dedica, en cambio, más tiempo a realizar la segunda tarea, más elaborada.

¡Importante! Planea siempre tu tiempo y tu trabajo:

1. Antes de escribir: lee atentamente las instrucciones.
2. Elige la opción en la tarea 2. **¡Atención!** Si no decides dentro de un minuto, el sistema te asignará una tarea de forma aleatoria.

3. Planifica el texto: organiza bien las ideas que quieres desarrollar en un esquema.

¡No olvides revisar tu texto! Asegúrate de cumplir la tarea contestando a todos los puntos, que haya cohesión, que sea correcto y que contenga el vocabulario y el estilo adecuados.

Escalas de calificación

1. Cumplimiento de la tarea: haber contestado a todos los puntos.
2. Cohesión: uso de mecanismos de cohesión variados y apropiados al texto (conectores…).
3. Corrección: gramática, puntuación y ortografía.
4. Alcance: utilizar un vocabulario y una forma de expresarse adecuados.

¿Lo sabías? Debes personalizar tu respuesta, pero el texto debe centrarse en el tema y adecuarse al género textual utilizado.

¡Consejo! Lo mejor es conocer de antemano las instrucciones para no perder tiempo durante la prueba y no equivocarse. Prepárate antes de hacer el examen: familiarízate con el contenido y el funcionamiento de la prueba, practica estrategias para obtener el mejor resultado y realiza las tareas en condiciones semejantes a las del día del examen.

¡Interesante! Durante todo el examen puedes ir de una tarea a otra todas las veces que sea necesario, para modificar alguna palabra o para repasar.

La tarea 1 siempre consiste en responder a una carta o un mensaje de correo electrónico, foro o blog dentro del ámbito personal o público.

La tarea 2 siempre es un artículo de opinión o una carta a un periódico. El ámbito es público, educativo o profesional. Puedes preparar especialmente uno de los dos tipos para conseguir dominar mejor la tarea.

¡Consejo! Infórmate en tu centro de examen si tendrás a disposición un teclado en español o si tendrás el teclado de tu país con los caracteres especiales activos. Tener el teclado en español podría facilitarte la tarea.

El día del examen tienes a tu disposición dos folios y un bolígrafo. Úsalos para crear un pequeño esquema de lo que quieres escribir. El número de palabras no cuenta en la calificación, sino el cumplimiento de la tarea, pero ten en cuenta que no debes ser demasiado sintético ni tampoco escribir demasiado.

La prueba de Expresión e interacción orales

Consta de cinco tareas. Tiene una duración de entre **15 y 20 minutos**. Se trata de preguntas proporcionadas a través de la forma «texto-locución», a las que el candidato tiene que responder mediante el sistema de grabación. El resultado, que realiza un calificador SIELE, se pondera para obtener una calificación sobre **250 puntos**.

Sistema de calificación

- Para el nivel A1 se necesitan 40-75,99 puntos
- Para el nivel A2 son 76-124,99 puntos

SUGERENCIAS Y CONSEJOS

- Para el nivel B1 son 125-175,99 puntos
- Para el nivel B2, 176-214,99 puntos
- Para el nivel C1, 215-250 puntos

Escalas de calificación

Existen dos escalas de calificación para el oral, la de **Cumplimiento** y la de **Uso de la lengua**. La escala de Uso de la lengua evalúa cuatro aspectos:

1. Cohesión del discurso
2. Fluidez y pronunciación
3. Corrección
4. Alcance

La prueba se compone de:

– dos tareas de interacción (tareas 1 y 4);

– tres tareas de expresión y producción oral a partir de unas imágenes (tarea 2) y breves textos de ámbito público, educativo o profesional (tarea 3 y 5).

Las tareas 1, 4 y 5 son siempre las mismas y las tareas 2 y 3 siguen siempre el mismo patrón.

En cada tarea, para empezar a grabar, el candidato tiene que pulsar en *Grabar* y esperar que el sistema empiece a grabar automáticamente.

¡Atención! Como el tiempo máximo de grabación de las respuestas varía en cada tarea, es recomendable que el candidato practique previamente con tareas modelo cronometrando sus respuestas.

¡Atención! La calificación tiene en cuenta también al cumplimiento de la tarea. El candidato tiene que atenerse al tema proporcionado para desarrollar su discurso.

¡Consejo! Sería mejor que el candidato aproveche la posibilidad de escuchar dos veces los audios de las preguntas en las tareas 1 y 4. Si el candidato comprende que no ha entendido bien las preguntas cuando ya ha empezado a responder, el tiempo de la segunda escucha de las preguntas será contado en los segundos de la grabación de las respuestas.

El candidato tiene que tener en cuenta que en las tareas 2 y 5 dispone de un tiempo limitado para elegir entre las dos opciones proporcionadas antes de que el sistema lo haga de forma aleatoria.

Es aconsejable que el candidato use el tiempo de preparación en las tareas 2 y 5 para esquematizar los aspectos que quiere tratar en su monólogo y los recursos lingüísticos que podrían ser útiles.

Intenta hacer todas las tareas, aunque superen tu nivel.

Variedades lingüísticas

¿Sabías que el SIELE tiene en cuenta todas las variedades del español? En las pruebas de nivel bajo A1-B1, tareas 1-3, encontrarás un lenguaje de tipo estándar, en cambio en el nivel B2-C1, tareas 4 y 5, encontrarás textos con formas gramaticales, sintácticas y semánticas de cualquier país hispano.

CONSEJOS

✔ Como ya sabes, el SIELE es un examen totalmente virtual. Para prepararte realiza las pruebas orales varias veces, grábate con una grabadora y escúchate.

✔ Las primeras veces te sentirás raro hablando solo, pero poco a poco tomarás confianza.

✔ Usa el tiempo de reflexión del oral para prepararte un esquema o hacer una lluvia de ideas.

✔ **¡Atención!** La opción elegida en la tarea 4 de la EIO determinará también el tema del monólogo en el que hablarás en la tarea 5, dedica un tiempo para pensarlo, pero, si no eliges, el sistema elegirá automáticamente por ti.

✔ El día del examen recuerda llevar el documento de identidad con el que te has registrado para el examen. Ve al centro de examen al menos 20 minutos antes del inicio de la prueba, de forma que puedas ponerte cómodo y estar preparado a la hora de inicio de la prueba.

✔ En el examen te proporcionarán dos folios en blanco y un bolígrafo para que puedas organizar tu trabajo, escribir alguna palabra o hacer un esquema si así lo deseas.

✔ Recuerda que no puedes consultar el diccionario ni ningún tipo de recurso.

PISTAS AUDIO

Examen 1

Pista 1	Tarea 1 (CA)
Pista 2	Tarea 2 (CA)
Pista 3	Tarea 3 (CA)
Pista 4	Tarea 4 (CA)
Pista 5	Tarea 5 (CA)
Pista 6	Tarea 6 (CA)
Pista 7	Tarea 1 (EIO)
Pista 8	Tarea 4 (EIO)
Pista 9	Tarea 4 (EIO)

Examen 2

Pista 1	Tarea 1 (CA)
Pista 2	Tarea 2 (CA)
Pista 3	Tarea 3 (CA)
Pista 4	Tarea 4 (CA)
Pista 5	Tarea 5 (CA)
Pista 6	Tarea 6 (CA)
Pista 7	Tarea 1 (EIO)
Pista 8	Tarea 4 (EIO)
Pista 9	Tarea 4 (EIO)

Examen 3

Pista 1	Tarea 1 (CA)
Pista 2	Tarea 2 (CA)
Pista 3	Tarea 3 (CA)
Pista 4	Tarea 4 (CA)
Pista 5	Tarea 5 (CA)
Pista 6	Tarea 6 (CA)
Pista 7	Tarea 1 (EIO)
Pista 8	Tarea 4 (EIO)
Pista 9	Tarea 4 (EIO)

Examen 4

Pista 1	Tarea 1 (CA)
Pista 2	Tarea 2 (CA)
Pista 3	Tarea 3 (CA)
Pista 4	Tarea 4 (CA)
Pista 5	Tarea 5 (CA)
Pista 6	Tarea 6 (CA)
Pista 7	Tarea 1 (EIO)
Pista 8	Tarea 4 (EIO)
Pista 9	Tarea 4 (EIO)

Examen 5

Pista 1	Tarea 1 (CA)
Pista 2	Tarea 2 (CA)
Pista 3	Tarea 3 (CA)
Pista 4	Tarea 4 (CA)
Pista 5	Tarea 5 (CA)
Pista 6	Tarea 6 (CA)
Pista 7	Tarea 1 (EIO)
Pista 8	Tarea 4 (EIO)
Pista 9	Tarea 4 (EIO)